1万人の人生を見た
ベテラン弁護士が教える

「運の良くなる生き方」

西中 務
Nishinaka
Tsutomu

東洋経済新報社

はじめに

運の不思議「幸運な人の条件」とは

私は半世紀近く弁護士をして、本当に大勢の人々の人生を見せてもらいました。民事、刑事の仕事の全てを合わせれば、依頼者はのべ一万人を超えるでしょう。

刑事事件はもちろん、民事事件でも、法律相談が必要な場面というのは人生の重大事が多いものです。私は平凡な男ですが、弁護士として人様の重大事とたくさん関わりを持たせてもらったおかげで、人生勉強だけは随分とさせてもらいました。

それで、つくづくと思うのです。

運というのは、不思議なものだなと。

一万人もの人生を見てきた私にはわかるのですが、世の中には、確かに運の良い人と悪い人がいます。

例えば、**運の悪い人は、同じようなトラブルに何度も見舞われます。**

トラブルで私の事務所に来て、裁判で決着がついた。ところが、同じ人がまた同様のトラブルで、私に相談に来るのです。そうやって、何度も何度も、争い事を繰り返す人は本当に多いものです。

私は不思議でなりませんでしたが、やはり、運が悪いとしか言いようがない。

かと思えば、全く逆の人もいます。

別にトラブルというのではなく、商売に関連した法律相談のために事務所に来るのですが、やはり**何度も繰り返して事務所にいらっしゃる。そして、来るたびに、会社は大きくなっているのです。**

こちらは、運が良いとしか言いようがありません。

一万人という膨大な数の依頼者を見ているうち、**私には運の良い人と運の悪い人の見分けが簡単につく**ようになってしまいました。

もちろん、運とは不思議なものですし、私のような凡人には到底、本当の理屈はわかりませんが、数々の人生を見せてもらった経験から、幾つかの教訓は学ばせてもらったと思います。

運が良くなれば、幸福な人生に近づけます。

皆さんに幸福をつかんでいただくために、運の不思議なところや、運の良し悪しについての経験則をご紹介したいと思うのです。

なお、この本でご紹介してきた私の経験則には、鍵山秀三郎《かぎやまひでさぶろう》さんに教わったことが多々反映されています。いつもお世話になっている鍵山さんに、改めて深く感謝いたします。

西中《にしなか》　務《つとむ》

もくじ

1万人の人生を見たベテラン弁護士が教える
「運の良くなる生き方」

第三章

恩

第四章

徳

第五章

言葉

第一章

運

姑を一〇年も介護したのに運を落とした嫁

運は不思議なものです。私の学んだ経験則から、一つ、運の不思議な点を挙げましょう。

立派なことをしたのに、運を落とすことがある。

意外かもしれませんが、これは事実です。

世の中には、大変に立派なことをしたのに、報われないケースがあります。弁護士をしているとわかるのですが、そんな例は珍しくないのです。

例えば、私がご相談を受けた遺産相続のもめごとで、こんなケースがありました。

ある家で高齢の女性が寝たきりになって、ご長男の奥さんが一〇年以上にわたり面倒を見ていたそうです。お姑さんは大変に感謝して、面倒を見てくれたお嫁さんに遺産の大半をあげるという遺言状を作成しました。

ところが、この遺言に、高齢女性の実の子供たちが猛烈に反対したのです。

私は最初にこの案件のご相談を受けたとき、よくあるケースかな、と思っていました。大きな財産を前にすると、どうしても欲が出ます。亡くなった方の実子には、法律によって財産を相続する権利が保証されていますし、それ以外の人に遺産が渡ると許せない気持ちになりがちなのです。

この件でも、実子である自分たちを差し置いて、血のつながりもないお嫁さんに財産が渡ることが許せないのだろうと、初めのうち、私は思っていました。

ところが、関係者の話を聞いているうちに、どうやら思い違いをしていたらしいと気づいたのです。

実子の皆さんが、長男のお嫁さんに遺産が渡ることを嫌がる理由は、欲のこともさることながら、お嫁さんへの悪感情にありました。

「あの人がお母さんの面倒をよう見てくれたのは、認めます。けどねえ、いつもいつも、恩着せがましくされたのは、たまりませんでしたわ」

実子のお一人が、ぽろっと、こう言ったのです。

母親の面倒を見なければいけないという気持ちは、実の子供たちの皆にあったのでしょう。それでも、実際には面倒を見られない事情があったのかもしれません。それなのに、「あんたらの代わりに、私がやってあげてるんや。感謝して当然やろ」という態度を取られたら、嫌な気持ちにもなります。

実際、別の人はお嫁さんのことをこう言いました。

「あれは嫌な女ですわ。お母さんの面倒見たのも、財産欲しさだったにちがいありません」

実子の皆さんにはこうした悪感情があるから、お嫁さんに財産を取られるのが許せなかったというのが、真相だったのです。

寝たきりの人の面倒を見るのは大変です。それを一〇年も続けたのは本当に立派なことで、本来なら、感謝されて当然ですし、それなりの報いを期待するのは無理もないところかもしれません。

それなのに、「やってあげている」という高慢な態度を取ったばかりに、人間関係が悪くなり、遺産相続に反対される羽目になったわけです。

皮肉なことに、大変なことや立派なことをやると、かえって不幸になることがあります。それは、高慢の罠《わな》があるからです。

「私は立派なことをした。大変に苦労した」と思うことで、高慢になりやすい。高慢な人は嫌われます。そして、人間関係を悪くして運を遠ざけることになるわけです。

大変なこと、立派なことには、〝高慢の罠〟がある。

せっかくの努力や苦労が不幸につながらないように、お気をつけください。

謙虚さがないと運が逃げる

先ほどのお嫁さんもそうなのですが、心と運とは深い関係にあるようです。

特に重要なことの一つは、運を良くするには謙虚さが必要ということです。

人のために良いことをたくさんしているのに、運が良くならない、幸福がやってこないという依頼者に、時々、会うことがあります。

例えば、地元のために大変に貢献している人がおられました。この人は地元の大変な有力者で、自治会長を務め、ＰＴＡの会長でもありました。どちらも、もちろん何の報酬もない役職で、地域の人々のために大変に尽くしていたわけです。

ある年、この有力者が市会議員に立候補したのです。地方都市のことですし、当選に必要な得票数は二〇〇〇か三〇〇〇票ほどでした。知名度は十分すぎるほどありましたし、長年の貢献もあるので、楽々と当選すると思われていました。

ところが、結果は逆で、全く票が集まらずに大差で落選してしまったのです。

「なんで落ちたんか、さっぱりわかりませんわ」

そうおっしゃっていましたが、私には何となく、落選の理由がわかる気がしました。

その人は、ご本人の思っているほどには評判が良くなかったのです。依頼された仕事について関係者と会っていて、そのことを感じました。

また、選挙の話をする口ぶりにも、何とはなしに引っかかるものを感じます。

もちろん、その人の話は嘘ではありません。地元のために一生懸命に働いてきたのは間違いないのです。それなのに、なぜ、評判が良くないのか。


その理由は、謙虚さがないからです。


自治会長にせよＰＴＡ会長にせよ、「皆のために、務めてやっている」という気持ちが口調や態度にありありと出ていました。何をするにつけても、高慢な気持ちが出ていて、周囲の人々の反感を買っているわけです。

それでいて、ご本人は皆の反感には気づいておらず、高慢なままです。

高慢な心で謙虚さがなければ、せっかく良いことをしていても、皆に嫌われます。人間関係が悪ければ、争いも起こりますし、人からの信頼や協力を得ることもできません。

これでは、運は良くなるわけがないのです。

どんなに有能でも有力でも、たった一人で社会が成り立つわけがないことは、誰にもわかっていることです。それでも、高慢になってしまうのが、どうも、人間の悲しい特徴のようです。

「やってやる」ではなく、「やらせてもらっている」と思う謙虚な心を忘れない。もし、人のために良いことをしていても、運が悪いという人がいたら、ぜひ、謙虚さを忘れていないか確かめてみてください。

人との出会いが運を変える

人との出会いで運が大きく変わることがよくあります。

スポーツクラブを経営している人からの相談を受けたことがあるのですが、この人の場合、交通事故で入院したことが事業を始めたきっかけでした。たまたま病院の同室に、スポーツクラブ経営のアドバイザーがいて、その人から勧められたそうです。

けれど、経営してみたものの、スポーツクラブはうまくいかず、結局、多額の借金を抱えて倒産しました。

「もし、あのとき同じ病室にアドバイザーがいなかったら、倒産などという目には遭っていなかったのに」

と、この人は嘆いていたものです。

この例は人との出会いが悪い方に運を変えたわけですが、逆もあります。たまたま知り合った人と共同事業を成功させたという人もおられます。

このように、人との出会いは良くも悪くも、運を変える可能性があるのです。

つまり、出会いが大切ということですが、誰しも、悪い方に運を変えてほしくはなく、できれば良い方に運を変える出会いを望むでしょう。

では、どうすれば運を良くする人と出会えるのか。

人格を良くするのが早道のようです。人格が良くなると、周囲にはやはり人格の良い人が集まるようになります。人間力を高めると、付き合う人も人格者が増えてくるので、開運につながるということです。

良い人格になると、良い出会いが増えて、運が良くなる。

これが真実だと思うのです。

同類は集まってくるという不思議

「良い人と付き合う」

運を良くするコツの一つは、これです。

弁護士をして、大勢の人々を見ていて気づいたのは、「良い人の周囲には良い人ばかり」なのに、「悪い人の周りには悪い人ばかり」という不思議な事実です。

裁判の依頼者でも相手方でもそうですが、しょっちゅう争い事を起こしている人には、他人を陥《おとしい》れたり傷つけたりしても自分が得をしたい「悪い人」がよくいます。そんな人の関係者を調べてみると、やはり同じようなタイプの「悪い人」ばかりが、ぞろぞろと出てくるものなのです。

反対に、いつも周囲を気遣っていて当たり前のように他人を助けている「良い人」も弁護士のところにいらっしゃることがあります。そうした人は、例えば事業関係の法律相談などで来るのですが、周りにはやはり同じような「良い人」が、何人もいらっしゃるものです。

昔から「朱に交われば赤くなる」という諺《ことわざ》がありますが、本当のことだったのだなと、この仕事を始めてから納得しました。

良い人と付き合っていれば、自然と周りが良い人ばかりになります。良い人ばかりですから自然とトラブルが少なくなります。さらに、困ったときには周りに助けてくれる人ばかりです。いつも気分よく生きていけるだけでなく、仕事もうまくいくようです。なぜなら、のびのびとした気持ちで仕事に打ち込めますし、必要な時には必要な援助をしてくれるため、成功をおさめやすいからです。

つまり、良い人と付き合っていると、とても幸福な人生になるわけです。

逆に、悪い人と付き合っていると、自然と周囲に悪い人が集まってきます。すると、いつも争いが絶えず、しょっちゅう騙《だま》されたり傷つけたりされます。心はいつも警戒や不安でいっぱいです。嫌な気分でずっと過ごしているうち、ストレスで体を壊しやすくなります。仕事も結局はうまくいかないようです。

他人を騙したり傷つけたりすると、一時は大金を得ても、いつかは逆に騙されたり傷つけたりされて、失ってしまうからです。

つまり、悪い人と付き合っていると、不幸な人生になってしまうことになるようです。

運を良くしたいのなら良い人と付き合う。

これが、弁護士の経験則です。

いつの間にかスリばかり集まっていた

それにしても、なぜ、同じタイプの人間ばかり集まってしまうのでしょうか。とても不思議な話で、「本当かな？」とお思いの方もおられるかもしれません。でも、これは事実です。私自身も、不思議な体験をしたことがあるのです。

今から四十数年前、私は弁護士として駆け出しの頃で依頼も少なく、正直なところ経済的に少々困っていました。その頃、ひょんなことから不動産ブローカーだという人と知り合いになったのですが、そんな私に仕事を紹介してくれたのです。

それがスリの弁護でした。

私は弁護士ですから、仕事の相手が犯罪の加害者だろうがかわいそうな被害者だろうが同じで、依頼者の代理人として弁護するのが仕事です。

むしろ、罪を犯した人には必ず弁護をする人間が付くべきで、公平に裁判を行うことにより、結果的に社会全体の犯罪を減らすことになります。こうした考え方は、弁護士にとっては常識ですし、私自身もそう思っています。

その意味では、スリの依頼者だから嫌だというようなことは全くありませんでした。それどころか、仕事が少なかった頃ですから、喜んで依頼を受けたのです。着手金をもらい、弁護で執行猶予を付けるのに成功してその報酬ももらいました。経済的に苦しかったのでほっと一息つけたのです。

すると、その新しい知人はまた次の仕事を紹介してくれたのですが、それがなぜかまたスリの弁護でした。その後も次々に紹介されるものの、どれもスリの弁護ばかりなのです。さすがに、おかしいと思いました。調べてみると、その知人は不動産ブローカーを自称していたものの、正体はスリの親分だったのです。

先ほどもご説明したように、依頼は依頼ですし、スリにも弁護人は必要です。スリの仕事ばかり紹介されたとしても、弁護士としては何も不都合はありません。

ただ、それまでは自分の関わる人間にスリは一人もいなかったのに、いつの間にかスリばかりになっていたのですから、そのあまりの変わりように呆れていたのです。

私の周りをスリだらけにした原因は、たった一人の人間と付き合ったことだけです。

しかも、私の周りには、もっとスリが増えようとしていました。

と言うのは、そのころまでには、既に一〇件以上のスリ事件の弁護を手掛けていたので、いつの間にか、私には「スリ専門の弁護士」という評判が立っていました。そのため、自称不動産ブローカーで本当はスリの親分である男とは全く別の方面からも、スリ事件の弁護が私に依頼されるようになっていたのです。

つまり、正体を知らずにスリと付き合ったため、スリの知り合いが急に増え、もっと増えようとしていたわけです。

もっとも、スリと付き合ったからと言って、私自身がスリになるわけではありませんし、スリのような職業的な犯罪者と同じ心になるというわけでもない。あくまでも、弁護士という仕事の範囲での付き合いです。

だから、もしそのまま、「スリ専門の弁護士」となっても、私が不幸な人生に陥っていただろうとは思いません。

ただ、当時の私は若かったですし、スリという特定の事件の専門家になりたいとは考えていませんでした。もっと、様々な案件を手掛けて勉強したい気持ちが強かったので、それ以降は、スリ事件の依頼は断ることにしました。

あれから、スリ事件は一件も引き受けていませんが、あのままだったら、今頃は日本一スリ事件に詳しい弁護士になっていたかもしれません。その可能性は十分あったのですが、そのきっかけは一人の男と付き合ったことだったことを思うと、人との付き合いとは不思議なものだとつくづく思うのです。

同類は集まる。

これは真実です。どうか、ご自分を幸福に導くような人付き合いを心がけていただきたいものです。

弁護士は悪い人の末路を知っている

善いことをすると、運が良くなる。

と昔から言われていました。「情けは人の為ならず」という諺が、まさにそういう意味だったわけです。

ところが、「人に情けをかけると、甘やかすことになって、良くない」と、こんな風に今の若い人はこの諺の意味を誤解することもあるようですが、ご承知のように、本来の意味は全く逆です。

情けをかけるのは他人のためではなく、自分のためだ。なぜなら、他人に情けをかけると、回り回って、自分のためになるからである。

これが本当の意味であり、「自分のためになるのだから、どんどん、他人に優しくしなさい」という諺です。

つまり、人の役に立つことをすると運が良くなるという意味になります。

私の経験則でも、これは正しいと思うのです。

しかし、なかにはこれが現実には正しくないのではないかと、疑問を持たれる方もいるかもしれません。

人の役に立つどころか、悪いことばかりしている人間が、現代社会ではお金持ちになったり出世したりしているように見えるからです。

確かに、悪賢く立ち回って成功している人はたくさんいます。しかも、そんな人は派手に贅沢をしますから、目立ちます。だから、世の中の成功者はそんな人ばかりだと思うかもしれません。

けれど、普通の人は、うまくいったという話ばかり聞かされ、その後、どうなったのかは知らないから、少々錯覚をしているのです。

その点、弁護士は逆で、世の中のうまくいっていない人を数々見ます。

法律的な争い事が起こったとき、弁護士が必要になるわけですが、争いがあるときはうまくいっている場合よりも、うまくいっていない場合の方が多い。

つまり、普通の人は成功した話しか聞きませんが、弁護士は失敗している人についてよく知っているわけです。そして、悪賢い成功者のその後の話も知っているのです。

ずる賢く立ち回って成功を得た人はその後どうなったか、結論を言いましょう。

悪いことで得た成功は長続きせず、すぐに不幸になってしまうのです。

事業で失敗して弁護士に相談に来る人の多くは、ほんの少し前までは成功者だった人です。頭を使ってうまくお金を儲けたり、出世したりしたのに、その成功は長続きせずに、しばらくして失敗し、窮地に追い込まれる場合が非常に多い。

そのことを、弁護士はよく知っています。

諺には「天網恢恢疎《てんもうかいかいそ》にして漏らさず」という言葉もあります。

悪いことをすると、必ず人知の及ばぬところにいる神さまが見ていて、罰を与えるぞという戒めの言葉です。

悪いことをして得た成功は一瞬だけのことです。本当の幸運は一瞬だけでなく、長い目で見ないとわかりません。

悪いことで成功を得た人の末路を知る弁護士の言うことです。どうか、信用していただきたいものです。

自分のことばかり願っては運が悪くなる

ある年の正月、新聞広告にこんな言葉が載っていました。

「願い事は欲張りましょう」

そして、様々な人の願い事が並べられているのです。

「大願成就」、「家内安全」、「商売繁盛」、「合格祈願」、「子孫繁栄」、「良縁祈願」、「身体健全」、「学業上達」、「恋愛成就」、「立身出世」、そして最後にあったのは「宝くじ命中」。見事なほどに、自分の欲望ばかりでした。

これでは運は良くなりません。

自分ひとりで生きているわけではありませんし、他の人とともに何事もやるのですから、自分のことばかり願うような人間には、幸運も巡っては来ないようです。

道徳的過失につながるからです。

道徳的過失とは、簡単に言うと人の迷惑となる行為や態度のことです。どうも、**人の迷惑になると運が落ちるようなのですが、強欲はその代表格なのです。**

世の中は商業主義が強くなりすぎて、「欲張れ、欲張れ」という広告であふれかえっていますが、それに踊らされることのないようにしたいものです。

そうでないと、気が付けば運が悪くなってしまいますから。

人を束縛すると運が落ちる

いつの間にか、運が落ちている。

もし、そう気づいたら、自分が何か運を落とすようなことをしていないか、確かめた方がいいようです。

例えば、**自分が間違った思い込みをしているせいで、運が落ちる**ことはよくあります。

人間の考えることなど大したことはないもので、自分では正しいと信じていても、他の人にとっては正しいとは限らないことになかなか気づきません。

そこを勘違いすると不運の素になります。

私にもそんな経験があります。

以前、妻の帰宅が連日遅くなったことがありました。当時、妻はＰＴＡの役員をしていて、親睦会やイベントのお疲れ会などが幾つもあり、帰宅するのが夜の一一時頃になる日が続いたのです。

「こんな時間に帰るなんてあかん。物騒やし、子供の手前もある。母親が深夜の街で酒を飲んでるやなんてだらしないところを見せたら、教育に悪いやないか。

これからは午後一〇時には帰ってくれ。それが門限や」

私がこう言ったのは、もちろん、それが良いと思ったからですが、間違いでした。

この日から妻が一〇時に帰ってくるかどうかが気になって、仕方がなくなったのです。一〇時が迫るとイライラし、少しでも遅れると腹が立つ。それで遅れた妻に怒鳴り散らすうち、夫婦仲が悪くなってきました。

子供の教育に悪いから、という理由で門限を作ったのに、それで父親と母親とが不仲になったのではもっと教育に悪い。

そう気づいて、門限をなくしました。それで、私の心も平穏さを取り戻し、夫婦仲も戻ったわけです。

考えてみれば、何も妻は夜に遊び歩いていたわけではありません。お付き合いでやむなく遅くなっていただけでした。

それなのに、一方的に「だらしない」と決めつけ、勝手なルールを作る必要はありませんでした。

不要なルールで人を縛ると、かえって自分が縛られます。心が落ち着かなくなれば、物事がうまく回らずに、運が悪くなるのです。

人は無意識のうちに、誰かに対して罪を犯していることがあります。どうやら、そんなときに、運は落ちていくようなのです。

くれぐれも、勝手な正義を振りかざして、不要なルールで人を縛らないよう、お気を付けください。そんなことをすると、運が落ちます。

息子の幸運

生きていると、「運というものは本当にあるな」と、心の底から痛感することが、ごくたまにあります。

もう二〇年以上前のこと、たまたま私が仕事を早く終えて帰宅すると、まだ小学生だった次男が寝ていました。頭に包帯が巻かれているのを見て、驚いて妻に事情を尋ねたのです。

どうやら、その日の昼間、次男は友達とゴルフクラブを持ち出して、振り回したりして遊んでいたらしい。そのとき、友達が振ったクラブの先が次男の目に当たって、大騒ぎになり、急いで病院へ駆けつけたそうです。

「幸い、瞼《まぶた》を傷つけただけです。距離がもう少し近いか、相手の子がもう少しクラブを長く持っていたら、眼球を直撃して失明していたでしょう。もっと近ければ頭蓋骨骨折だってあり得ました。そうなると命だって、危ないところでしたよ」

医者に言われて、妻はぞっとしたそうです。

息子の失明や死亡が、ほんの数センチの違いで回避されたと聞き、私も冷や汗をかいたのを覚えています。

本当に運が良かったと、神さまに救ってもらったと感じたものでした。

（きっと、今までも、運に救われることはあったに違いない。ただ、救われたことに気がついていないだけだったんや）

そう、私は思いました。

仕事では、運の良し悪しが人生を左右している出来事を見ていたつもりでしたが、自分の家族に危ないことがあると、ことのほか強く運の存在を感じずにはいられなかったわけです。

今日の健康があるのは、運のおかげ。

気づきにくいことですが、運の不思議の一つとして、覚えておきたいものです。

運を呼ぶコツは「困った方が変わる」

運を良くするには、幾つか方法があります。

最もわかりやすいのが、争わないことです。

私は弁護士として、長年、非常にたくさんの争い事に関わってきました。弁護士とは、人様の争い事があるからこそ成り立つ職業と言っても過言ではありません。

その弁護士である私が断言します。

争い事には、何も良いことはありません。

なぜなら、**争うと運を落とす**からです。

私は自分のところに相談に来られた方には、必ず、争い事を避けるようにお勧めしています。

弁護士は争ってくれた方が儲かりますが、人様を不幸にするのがわかっていて、止めないわけにはいかないからです。

では、どうすれば争い事は止まるのでしょうか。実は、争いを止めるための、経験則があるのです。

浮気の止め方を例にして、ご説明しましょう。

浮気で相談に来る奥さんは、だいたい、こう言うものです。

「主人に何をしたら、浮気をやめさせられますか」

奥さんが何をしてもご主人の浮気は止まらない。怒っても、泣いても、人から意見してもらっても、やめてくれなかった。

というわけです。そこで、私はこう言うことにしています。

「ご主人に何をしても、浮気をやめさせるのは難しいですわ。好きで浮気してるんですから、簡単にやめるわけがない。浮気でご主人はちっとも困っていないんですから、自分が変わる気持ちになるはずがないですよ」

すると、奥さんは、

「じゃあ、諦めるしかないんですか」

とがっかりする。そこで、すかさず、言うのです。

「そんなことはない。手はあります」

え？　という顔をしたところで、私の経験則をお教えします。

「浮気で困っているのは誰です？　ご主人でなく、奥さんでしょう。だったら、奥さんが今までと変わればいいんです。

困っているのなら、態度を変えることなんて、何でもないと思いませんか」

そして、ご主人に対する今までの態度を振り返ってもらいます。すると、色々と反省が出てくるものです。

疲れて帰ってきたご主人に向かって、「疲れてるのは、あんただけじゃありません。私かて、疲れてるんです」と、冷たいことばかり言っている。

子供の面倒ばかりで、ご主人のことはほったらかしにしている。

こんなふうに、何かしら、浮気をしたくなるようなことを、ご主人にしていることが多いのです。

「騙されたと思って、奥さんが変わってみませんか」

そう言って、奥さんの態度を変えてもらう。すると、ほとんどのケースで、ご主人の浮気は止まります。

なかには、浮気で遅く帰ってきたご主人に腹を立てて、家のカギをかけて、ご主人を締め出してしまったという奥さんもいました。

「あんた、家から閉め出してゴメンな。寒かったやろう」

そう言って謝ったところ、ご主人も、

「いや、ワシも悪かった。許してや。もうせえへん」

と浮気をやめてくれたそうです。

浮気をされたら、されて困っている方が態度を変える。

これがコツなのです。

浮気を例にしましたが、実は、この考え方はあらゆる争いを避けるコツでもあります。

争いを避けたかったら、困っている方が気持ちを変える。

争いで運を落とす前に、ぜひ試してみてください。

運は顔に出る

運は顔に出る。

不思議かもしれませんが、経験的な事実です。

私は弁護士であり、占い師ではありません。でも、仕事を通じて大勢の依頼者の人生に関わっているうち、運の良い人と悪い人というのは本当にいるものだなと、経験的にわかるようになりました。

運には科学的な根拠はありませんし、法律とは関係ありませんが、人の様子をたくさん見ているうち、何となくわかってくることというのはあります。

「ああ、運の良い人にはこういう人が多いのだな」とか、「ああ、こうだと運が悪くなる場合が多くなるのか」といった具合に。

そんな私の経験則の一つが、「顔を見れば運の良し悪しがだいたいわかる」ということです。占いで言うところの、「福相」というのは本当にあるように思うのです。

運の良し悪しは、占い師の仕事の領分なのでしょうが、人生の重大事ばかりに関わるのが弁護士の仕事ですし、まるで占い師のようなことも少しわかるようになってしまったのかもしれません。

それを発見したのは、私が今の法律事務所の所属ではなく、個人の事務所を構えていた頃でした。

当時、私の事務所は、大阪の裁判所の隣のビルの一室でした。そのビルは、私と同様の弁護士事務所のテナントが大半であり、言わば弁護士ビルのようなものでした。

ある日、私は仕事の合間に、ふと、窓から下を覗いてみたのです。通りの歩道を歩く人が見え、ときどき、このビルの入り口に消えていきます。また、別の人はこのビルを通り過ぎて隣のビルに入って行きます。そうした様子を眺めているうち、気がつくとこんなことを考えていました。

（お、また一人歩いてくる。あの人は違うな。ここには入らんわ。……ホラ、やっぱり素

通りや。その後ろ、あの女性は多分、入るな。……やっぱり私が入居しているビルのお客やった）

と、こんな具合に、通行人が私のビルに入るかどうか、勘で当てようとしていたのです。休憩中の頭休めでしたから、別に当たろうが当たるまいがかまいませんでしたが、不思議なことに、ほとんどが当たる。やがて、一〇〇発一〇〇中になっていました。

（こりゃ面白い。今度は隣のビルの客を当てたろうか）

隣のビルについては、最初のうちあまり当たらなかったのですが、そのうち、続け様に当たるようになった。一〇分もする頃には、やはり一〇〇発一〇〇中で当たるのです。

私は気味が悪くなってきました。

私が入居しているビルについては勘が当たるのはわかります。日頃から相談に来る依頼者を見ていますし、このビルの他の客も同様の用事なのですから、何となく同じ雰囲気があると感じていました。

けれど、隣のビルについては、なぜ勘が当たるのかわかりません。見も知らぬ人ばかりであるのはもちろん、どんな用で来るのかも知らないのに、なぜ見分けがつくのか、自分でも不思議だったのです。

（ひょっとして、超能力でもあるのかな？）

まさか、そんなはずはありません。きっと何か理由があるはずだと、もう一度、よく考えながら下の通行人を眺めました。

すると、あることに気づいたのです。私のビルの客と隣のビルの客とでは、明らかに顔つきが違っていました。

私のビルの客は暗い顔つきの人が多く、険しい表情で目が吊り上がっています。

私には合点がいきました。私のビルの客は、離婚訴訟や解雇不当の訴訟など、裁判で争おうという人々ですから、自然とそんな顔になってしまいます。職業柄、そうした人々の気持ちはよくわかりますし、暗い顔になるのは無理のないことも承知しています。

それに対して、隣のビルの客は一様に穏やかな表情で、何とも言えない温かな顔つきなのです。

どんな人たちが来ているんだろうと思い、隣のビルの看板を改めて見てみると、そこはあるボランティア団体のビルでした。

多分、人のために働こうという人たちが来ているのでしょうが、きっと心に余裕があるので、あんなに福々しい顔なのかもしれません。

私が二つのビルの客を当てられたのは、顔の違いを見分けていたからだったのです。

この発見をした日から、私は人の表情を注意してみるようになったのですが、福々しい顔をしている人は、やはり、運の良い人生を送っていました。

運の良し悪しは顔に現れる。

占い師ではない弁護士でも、これは事実だとわかるのです。

成功するには運が要る

長年、弁護士を務めてきて、数多くの人たちの成功と失敗を見てきたのですが、つくづくと思うことがあります。

成功には運が必要。

これは現代社会だけでなく、古今東西を通じた真実のようです。

最近では歴史の好きな若い人が増えているらしく、聞くところでは、歴史を題材にしたゲームや漫画がとても人気だそうです。そこから若い人たちが歴史に興味を持つことが多く、特に、『三国志』は若い人にもよく知られているようです。

さて、その『三国志』にこんな言葉が出てきます。

「事を謀《はか》るは人にあり。事を成《な》すは天にあり」

中国の三国時代に活躍した、あの天才軍師・諸葛孔明《しょかつこうめい》の言葉です。敵将を倒す策略を立て、見事成功するかに見えたのに、大雨が降りだして失敗します。そのとき孔明が嘆いて、このように叫んだのでした。

「計画は人にもできる。だが、成功させるのは天の意志だ」

そういう意味です。

『三国志』は中国の歴史的な事実を元にしているとはいえ、後世の人たちが脚色をかなり加えていますから、書かれていることの全部が事実ではないでしょう。けれど、諸葛孔明の言葉は真実を表していると思うのです。

というのも、実は、私自身もまさに諸葛孔明と同じ気持ちになったことがあるからです。

少し前、私はある政治家を支援していました。日本の社会を少しでも良くするには、政治が良くならなければならないと思ったからです。

私利私欲で動く世の中を少しでも変えたい。それには政治が上から社会を変えるのが一番早いと当時は思っていたのです。

それで、「この人ならば」と見込んだ政治家の後援会長を引き受けました。

私と同じ中学の出身者で、ハーバード大学卒業という切れ者でしたから、その手腕に期待したのです。

私は、物的にも金銭的にも労力についてもできる限りの支援を続けました。そのかいあって、彼は国会議員になります。

その後、その政治家は重要官庁の副大臣となり、いよいよ主要閣僚として入閣が確実となったのです。

「これで、彼は政治家として、少しは日本社会に影響力を持てる。きっと、役に立ってくれるはずや」

やっと、目的が果たせるものと私が喜んでいた矢先、その政治家はガンで急死したのです。私の長年の目論見は水の泡となりました。

こうした経験から、運がなければ成功はないと、確信するようになったのです。

また、世の中を政治から変えるなどという目論見を、たかが人間の一人にすぎない私が描いたこと自体に無理があったと、今では思っています。

あるいは、私の当時の思い上がりが、あのような不運を招いたのかもしれません。

人に運命は決められません。

できるのは、せいぜい、運を決めている不思議な存在が認めてくれるような生き方をするだけのようです。

七つの心と六つのキーワード

これまでご紹介してきたのは、主に、運の不思議についてでした。このほかにも、運について様々なことを、これまでの経験から私は学ばせてもらいました。

そうした、私の経験則から、運の不思議についてまとめてみると、幾つかの共通要素があるとわかってきたのです。それが次の七つの言葉でした。

感謝、報恩、利他《りた》、慈悲、謙虚、人徳《じんとく》、天命《てんめい》。

私は、運に関する自分の経験則をもっとわかりやすくしたいと、さらに考えてみました。

天命とは「運」そのもののことで、これを知れば謙虚につながる。

「恩」を感じるから、報恩と感謝があるし、恩を知ることでも自然と謙虚になる。

また、自分の「罪深さ」を知ることによっても、感謝、報恩、謙虚という心が起こる。

利他と慈悲は「人徳」につながる。

さらに、人徳は「善行」と「言葉」として現れる。

つまり、私の経験則は、**運、罪、恩、徳、言葉、善**の六つに整理できるわけです。

この章では、既に「運」の不思議についてお話ししました。以下の章では、残りの、罪、恩、徳、言葉、善の五つに分類して、お話しすることにいたしましょう。

第一章の要点

- 運というものは不思議。
- 運の悪い人は、同じようなトラブルに何度も見舞われる。
- 運が良いとしか言いようがない人がいる。
- 運の良い人と運の悪い人の見分けが簡単につく。
- 立派なことをしたのに、運を落とすことがある。
- 大変なこと、立派なことには、高慢の罠がある。
- 良いことをしていても、運が悪いときは、謙虚さを忘れていないか確かめる。
- 人との出会いで運が大きく変わることがよくある。
- 運を良くしたいのなら良い人と付き合う。
- 同類は集まる。

●善いことをすると運が良くなる。
●悪いことで得た成功は長続きしない。
●人の迷惑になると運が落ちる。
●強欲は不運を呼ぶ。
●間違った思い込みをしているせいで、運が落ちる。
●今日の健康があるのは、運のおかげ。
●争うと運を落とす。
●争いを避けたかったら、困っている方が気持ちを変える。
●運は顔に出る。
●成功には運が必要。
●幸運に共通する七つの心は、感謝、報恩、利他、慈悲、謙虚、人徳、天命。
●西中弁護士の経験則は、運、罪、恩、徳、言葉、善の六つに整理できる。

第二章

罪

犯罪ではない道徳的な罪が運を落とす

弁護士として一万人以上の人々の人生を見て、つくづくと感じるのは、「争っていいことは何もない」ということです。

なぜなら、**争うことで運が悪くなる**からです。

たとえ、訴訟に勝って大金を手に入れたところで、運を悪くしては何もなりません。実際、争いで手に入れたお金はすぐに失うことになります。私は弁護士として、そのような転落をうんざりするほど見てきました。

争いはないほうがいい。これが私の経験則となったのです。

ただ、かつての私は少し勘違いをしていました。人が法律を守れば争いはなくなると思っていたからです。

しかし、これは間違いでした。

「法律を守れば何をやってもいい」という考え方そのものが、争いの原因だったからです。そこで私は「法律的な罪」ではなく、「道徳的な罪」という見方で物事を考えるようになったのです。

法律的な罪とは、法律という六法全書に書かれているルールを破ることです。例えば、人殺しや泥棒などですが、普通の人ならばめったに犯さない罪でしょう。

これに対して、**道徳的な罪とは、法律は破っていないけれど、人に迷惑をかけていることによる罪**です。

自分さえ良ければいいと、身勝手なことをしてお金を得ようとしたり社会的な地位や名誉を得ようとしたりして、人に迷惑をかけてしまうことです。

道徳的な罪は、無意識にしていることも多くあります。

例えば、私にも覚えがあるのですが、受験や就職などで、幾つも合格を取ってしまう場合があります。自分に必要な合格は一つのはずですから、余計に取った合格はただの身勝手です。そのせいで、他の人の可能性を閉ざしているからです。

このような無意識に道徳的な罪を犯してしまうケースに気づいたのは、モラロジーを学んだからでした。モラロジーとは、法学者である廣池千九郎《ひろいけちくろう》先生が提唱された学問で、道徳を科学的に研究したものです。

人は生きている限り、道徳的な罪を犯しているとモラロジーでは考えます。

毎日の食事でも、肉や魚、野菜の生命を奪って、それをいただいています。

通勤や通学だってそうです。毎日利用する鉄道や道路が建設されたとき、事故で命を失ってしまった人がいたでしょう。そうした人々の犠牲がなければ、勤め先や学校へ通うことができないわけです。

また、私たちは太陽や自然の恩恵を受けて、生きています。

このように、生活の全てに、必ず誰かの〝おかげ〟があるといっても過言ではありません。

モラロジーではこれを「道徳的な負債」と呼びますが、**道徳的な負債を放っておくと、運が落ちてしまうのです。**

しかし、**道徳的な罪に気づき、感謝の心を持てば運が落ちるのを防げます。**

争うのは、道徳的な負債に気づかないせいでもあります。自分の命が膨大な犠牲のおかげで成り立っていると気づけば、誰かから少々の迷惑をかけられたところで、「お互いさまだ」と思い、争う気持ちが起こらないのです。

争わないこと。道徳的な罪に気づくこと。恩恵に感謝すること。道徳的な負債を返済すること。

これを行えば、不運がなくなり、幸運へと転じます。行わなければ、不運が次々と舞い込んでしまいます。

では、これらの事実を示す私の経験してきた実例を、これからご紹介していきます。

「争わない」は弁護士の基本

意外かもしれませんが、**「争わないほうがいい」とは、弁護士の基本です。**

離婚にせよ、倒産処理や遺産相続にせよ、争い事が起こって裁判になれば弁護士はより大きな報酬がもらえます。争いを避けてしまえば、もらえるのはせいぜい相談料くらいで、さほど利益にはなりません。

だから、弁護士は依頼者が争うように仕向けていると思われがちのようですが、それは事実とは違います。

なぜなら、弁護士は、争いは避けた方がいいと教わるからです。

判事、検事、弁護士と、法律問題を扱う職業に就くには、ご存じのように司法試験をパスする必要があります。そして、司法試験に受かると、必ず司法研修所というところへ通って、法律家としての実務の勉強をすることになっています。

そして、この司法研修所の教官から、紛争処理の優先順位は以下のように考えるのがよいと教わりました。

①話し合いで解決。②裁判しても和解で解決。

つまり、一番良いのは裁判を避けることだと、私は教官から教わりました。

よく、「西中弁護士は裁判をしてはいけないと言っている」と思われていますが、そうではありません。裁判は依頼者にとって最も不利な決着だと言っているだけなのです。

裁判が不利な決着なのは、勝っても負けても恨みが残るからです。

別の項でも詳しくご紹介しますが、昔、私は父母から教わったものです。

「恨みを買うな。恨まれると、あの世で、おまえのことを引きずり降ろそうといつも狙われてしまうぞ」

不思議なことに、裁判で勝った後に不幸になる人が珍しくありません。勝訴を勝ち取った後に会社が倒産したり、不渡り手形をつかまされたり、経営者が交通事故にあったりする例を数々見てきました。

きっと、恨みを買ったために、運が落ちてしまったのでしょう。

争いは恨みを残し、運を落としてしまう。

どうか、決して忘れないでいてほしいものです。

妻が感謝すると夫も感謝する

争いは不運を招きますが、争いを避ければ幸運が訪れます。

争いを避けて、幸運になった例をご紹介しましょう。

ある年の暑い夏の日、私はある女性から離婚の相談を受けました。

その人のご主人は土木工事の会社に勤めているのですが、お酒が好きで帰りがいつも遅く、夫婦仲が悪かったのです。相談者である奥さんは、ご主人が帰ってくるたびに腹を立てて、食事の面倒などを見てあげなかったようです。

私は「離婚はあまり良いことがありませんよ。考え直したらどうでしょう」と勧めましたが、もう我慢ができない、離婚すると決意は固いようでした。彼女は私のところでひとしきりそんな夫への不満を話して、帰っていきました。

ところが、一か月して次の約束の日に事務所へ来ると、依頼者の気持ちは全く変わっていたのです。

「事情が変わったから、離婚はしません」

けろっとして、そう言いました。驚いた私に、奥さんが話した事情とはこうでした。

彼女が電車に乗っていたとき、偶然、電車の窓からご主人の姿を見つけました。それは暑い昼下がりのことだったのですが、ご主人は作業服を着て、道路を掘り返す作業をしていたのです。作業服の厚手の生地の色が変わって見えるほど大量の汗を垂らしながら、工事をしていたのです。

「ああ、お父さん、大変やな。あんなんして、毎日、働いてたんや」

そう思ったそうです。

実際に働く姿を目にして、奥さんはご主人の仕事がいかに大変なものか、初めて知った。その大変な仕事のおかげで、生活ができているとわかったわけです。

「感謝しないと、ばちが当たる」

奥さんはそう思ったそうです。

その夜、いつものようにご主人はお酒を飲み、遅くに帰ってきました。しかし、奥さんは少しも腹が立たなかった。

あんなに暑い中、汗水を垂らして働いたのだから、仕事の帰りに冷たいビールくらい飲みたくなって当然だと、ごく自然にご主人を許せました。

いつもとは違い、帰ったご主人を「お疲れ様でした」と労《ねぎら》い、温かく迎えたのでした。するると、次の日、ご主人は飲み屋には寄らずに真っすぐに家へ帰ってきた。そして、奥さんにこう言ったそうです。

「いつも遅くなってすまなんだな。これから、なるべく控えるわ」

奥さんがご主人への態度を改めると、ご主人も奥さんへの態度を改め、離婚訴訟で夫婦が争うことは回避されました。

先日、この女性と久しぶりに会う機会があったのですが、あれから、夫婦仲は円満なまま、幸せに暮らしているとのことでした。

夫婦仲が悪くなる理由は、一方だけにあるのではなく、双方にあることが多いようです。相手の世話になっているところや、迷惑をかけてしまっていることに気づくと、自然に感謝の気持ちがわきます。すると、争いもなくなるようです。

相手に感謝すれば、争いを避けられる。

このご夫婦は、奥さんの感謝により争いを避け、幸運になったのでした。

相続争いが遺恨となって運を逃した

前の例とは逆に、争いから運を悪くした実例をご紹介します。

私が関わった遺産相続争いなのですが、運の良し悪しという意味で見ると、典型的なケースでした。

この案件での私の依頼人は、小さな町工場の経営者でした。祖母の遺産を相続するときにトラブルとなりました。

元々、祖母は工場関係の資産の一部を所有していて、祖母が亡くなったとき依頼人と同様に伯母にも相続権があり、それが原因でもめたのです。

問題となったのは、工場敷地内の土地でした。ちょうど工場の出入り口にあたる二〇〇坪ほどの土地が祖母の所有になっていて、伯母が依頼人と同等の相続権を主張しました。

この土地の相続について、法的には、依頼人と伯母の双方に同等の権利がありました。

祖母は遺言を残してなかったので、法定相続人が遺産をもらうことになります。伯母は亡くなった人の子供ですから法定相続人です。また、依頼人の父親も亡くなった人の子供で同じ権利を持つのですが、既に亡くなっているため、権利は孫である依頼人にそのまま引き継がれます。ちなみに、これは代襲《だいしゅう》相続と呼ばれます。

つまり、問題の土地は、依頼人と伯母とが半々で相続する権利を持つわけです。けれど、土地の半分を伯母に渡してしまうと、依頼人は工場を経営している立場ですから、出入り口として使えなくなります。そこで、土地は全て依頼人に譲ってもらい、代わりに相続分に当たるお金を支払うことを伯母に提案したのです。

ところが、相手方である伯母さんは、依頼者の足元を見るような態度を取りました。

「あんたは、あの土地が欲しいんやろ。それやったら、お金をもっと出してもらわんと」

そう言って、辺りの地価の倍の金額を要求したのです。

私は代理人として、言葉を尽くして説得しましたが無駄でした。

結局、依頼人は苦しい経営の中、法外な金額を何とか用意して、土地を確保するしかありませんでした。

それから数年後、依頼者からこんな話を聞くことになります。

「あの後すぐ、伯母は亡くなりました。もういい歳でしたからね。

あんな出来事があって、伯母の家とはろくに付き合いもなくなっていましたが、ついこの間、急に伯母の長男が電話をよこしてきたんです。

話を聞くと、金を貸してくれということやった。どうやら、長男は会社の金に手を付けたらしく、会社から『金を返せ。できんのやったら訴える』と言われたらしいんです。よくも図々しく、ワシに頼めたもんやと呆れましたわ。借金の申し込みなんか、もちろん、断りました」

遺産相続での争いから運が悪くなり、その不運が子供にまで祟《たた》ったわけです。

争いはやめたほうがいい。運をなくします。くれぐれも、ご注意ください。

知らないうちに犯している道徳的過失

犯罪ではないけれど、道徳的に見れば罪に当たる行い、それが道徳的な罪です。

人が生きていると、知らないうちに、誰かに対してひどいことをしている場合があるのですが、それは刑法の犯罪にはなりません。

では、なんの罪にもならないのか。

知らないうちに人を傷つけた本人は、こう思うかもしれません。

「仕方がなかったんだ」

でも、悲惨な目にあった人にとっては、そうではないでしょう。

「あいつがあのとき、あんなことをしなければ……」

そう思って当然です。

誰かの行いで、自分が悲惨な目にあったと想像すればわかると思うのです。刑法の犯罪でなくとも、道徳的に見ればやはり「罪」なのですから。

省みれば、私にも思い当たることが、いくつも出てきます。

例えば、私は大学を二つ受けて、二つ合格しました。けれど、現実に入学したのは大阪大学だけです。私が合格したばかりに、誰かが一人、不合格になっているはずなのですが、私はもう一つの合格を無駄にしたわけで、そんな無駄がなければ不合格で悲しませたり苦しませたりする必要のない人を一人、不幸にしています。

しかも、二つの大学に合格しても一つしか行けないことは、大学を受ける前からわかっていたのです。つまり、最初から、誰かを犠牲にするつもりだったことになります。

また、私は弁護士になる前にサラリーマンを数年していたのですが、その会社に就職するときにも、同じことをしました。

就職活動で二つの会社で内定をもらっていました。もちろん、実際には一つの会社にしか勤めていませんが、このときも、必要のない犠牲を誰かに強いていたのです。

「大げさに考えなくても、あなたが辞退したら、繰り上げで誰かが合格している」

そうおっしゃるかもしれません。でも、一時にせよ不合格だと伝えられて、ガッカリしたり悲しんだりしたことに変わりはありませんし、もしかしたら、そのせいで志望していなかった大学や会社へ行くことに決まった人だっていたかもしれないのです。

自分の都合で、二つも合格を狙うこと自体、勝手な考え方です。道徳的な罪なのは間違いないでしょう。

誰しも、こんな罪を犯していますが、皆が同じだからと言って罪ではないということにはなりません。

刑法犯でなくとも、何らかの形で償うべきです。

運が良くなりたいのなら、道徳的な罪を償う必要がある。

これが一万人の人生を見てきた、私の経験則なのです。

道徳の罪には気づかない

道徳的な罪の特徴として、気づきにくいという点があります。

時には、良かれと思ってやったことが、実は罪だったという場合も珍しくありません。

弁護士の仕事をしていると、たくさんの人生の重大な場面にいつも立ち会うことになります。たくさんの出来事を見ていると、人間は、ただ気づいていないだけで、たくさんの罪を犯しながら生きているのだと気づくのです。

私にも、良かれと思ってやったことで、誰かを不幸にしてしまったことがありました。

今から五年ほど前、事務所の向かいにラーメン屋さんが新しくできました。応援してあげようと思い、うちの事務所が無料開放しているエートスステーション（178ページ）のイベントに参加した人に、ラーメン屋さんの半額割引券を配りました。

イベントスペースの参加者はかなりの数です、開店したばかりのラーメン屋さんは大盛況になり、繁盛店となりました。

私は、「応援のかいがあった、喜んでもらえた」と思って、満足していたのです。

ところが、しばらくして、近所の別のラーメン屋さんが廃業してしまった。新しい店に、お客さんを取られてしまったからでした。

私にはそのつもりはなかったけれど、結果的に、新しいラーメン屋さんが古いラーメン屋さんのお客を奪う手助けをしてしまっていたわけです。

こんな具合に、気づかないうちに、誰かを困らせたり不幸にしたりすることを、人はどうしてもやってしまうようです。

知らないうちに犯してしまった罪を償わないと、運が開けない。

どうか、このことを忘れないようにしたいものです。

私利私欲に走るのは道徳の上で罪

私利私欲が過ぎると、やはり道徳的な罪になり、運を落とします。なぜなら、自分の欲を追求することで、他人のことをないがしろにするからです。

私が国会議員の後援会長をしていたときのこと、つくづくと、この社会には私利私欲の誘惑に振り回されている人が多いなと知りました。

事務所には、国会議員の権力を自分の都合の良いように使おうとする人々が次々とやってきたものです。

○親を特養老人ホームに入れたいが順番待ちの長い列ができている。何とか、早く入れるようにしてくれないか。

○特別な治療をしてくれる有名病院に入りたいが、ベッドの空きが少なくてなかなか入れてもらえない。順番をもっと前にするように、手を貸してくれないか。

○息子を良いところに就職させたい。紹介してくれないか。

○行政手続きが遅くて困っている。自分の会社だけ早く処理してもらえないか。

実にたくさんの有権者が、こうした相談に来ました。

どれも、自分だけ順番を前にしろという相談で、順番を変えること自体は犯罪ではありません。けれど、自分だけ前になれば、飛び越された人たちは迷惑をするわけですから、良いはずがない。神さまの目から眺めるならば、罪だと言われるでしょう。

犯罪でなければ自己利益を図るために何をやってもいい。

そういう人が本当に多いわけです。

法律には触れていないので刑罰は与えられません。それで、利益は得られるのですから、これは得のように思えます。

けれど、少し見落としがあると思うのです。

なぜなら、こうしたことをすると、運が悪くなるからです。

私は後援会長をしていたとき、私自身の問題で一度もその国会議員の権力を利用したことはありません。これを知っている妻は「あなたはその点立派です」と言ってくれます。

それというのも、犯罪ではなくても罪となるようなことをすれば、運が落ちることを経験的によく知っていたからです。

私利私欲は運を落とす。

どうか、これを覚えておいて、運を落とさないようにご注意ください。

ズルは自分に返ってくる

道徳的な罪が運を落とすという原則は、本当に強力です。

例えば、**悪賢い、ズルい生き方には、必ず、不運という結果が返ってきます。**

世の中には、ズルいことをして得をしているように見える人がいます。けれど、どうやらそれは錯覚のようなのです。

私はこれまでたくさんのズル賢い人たちと会ったと思います。人が思いつかないような法律の隙間をぬって儲けたり、刑罰を受けずに済ましてきたりした人です。

ただ、一時はズルい方法で得をしても、後に必ず、転落します。私の見てきたズル賢い人たちは皆、そうでした。

私は彼らのようにズル賢い人間ではないのですが、やはり、同じような経験をしたことがあります。

まだ個人事務所を作って何年もたっていない、四〇年以上前のことです。

私は事務所の経費を少しでも削ろうと、とてもセコい、恥ずかしいことをやろうとしたことがあります。

厳密に言えば、詐欺に当たる可能性もあり、弁護士としては他聞をはばかる恥なのですが、四〇年前といえばもう時効ですし、懺悔《ざんげ》の意味を込めて告白します。

実は、事務所のＮＨＫの受信料を払わずに済ませようとしたことがあるのです。事務所にＮＨＫの職員が来ます。すると、「うちにはテレビはありませんよ」と、支払いを拒んだのです。もちろん、「本当ですか？」と疑わしそうな顔をされますが、「テレビはない」の一点張りで追い返しました。

ＮＨＫの職員には室内にテレビがあるかどうかを調べる権限はありません。それを良いことに、誤魔化そうとしたわけです。

お金を払いたくなくて嘘をついたわけですから、たちが悪い。「ＮＨＫは気に入らない。受信料は払いたくない」と言うのより、はるかに悪質です。何しろ、得をするために人を欺《あざむ》いているわけですから、詐欺罪になる可能性があります。

でも、当時の私は経営が苦しいばかりに、そんな恥ずかしいことをしようとしたのでした。どうせ、調べられる心配はなく、バレるはずがないとタカをくくっていたからです。

ところが、こんなせこくて恥ずかしいことは、通りませんでした。

きっかけは、しばらくして、事務所の電話代がひどく高くつくようになったのに気づいたことです。調べてみると、事務員が、私のいない時間帯に、こっそりと南九州の郷里に私用の長電話を何度もかけていたとわかりました。

私が問い詰めると、事務員がボソッと言ったのです。

「先生だってズルしてるし、見つからんかったらいいいと思って」

バレなければいいと、私がＮＨＫの受信料を払わないことを、事務員は真似たのでした。

私は、ある友人が言っていた言葉を思い出していました。

「神さまは見ている」

本当にその通り。ズルをしている人間は、いつか、ズルをされるのです。

ましてや、社会のルールを守る役割を担っているはずの弁護士が、ルールを曲げていいはずがありません。

私は、事務員のズルを見て、自分の愚かさに気づいたわけです。

その後、もちろん、受信料は払いました。あのとき事務員が長電話をしてくれて良かったと、今は思っています。

ズルは自分に返ってくる。

幸運をつかみたいのなら、忘れないようにしたいものです。

弁護士の罪深さ

道徳的な罪というのは、どんなに頑張っても、逃れがたいもののようです。しかも、その罪は時として、本当に恐ろしい結果を招くことさえあります。

その事実をしっかりと見つめて、償わなければ、幸運など決して手に入りません。恐ろしい罪を犯せば犯すほど、償いも重くなることを、私ほどよく知っている人間はいないと思います。

なぜなら、私は、人を三人も殺しているからです。

と言っても、「包丁で刺して」などということではありません。法律で裁かれる種類の人殺しではないのですが、私のやったことで人が三人亡くなったのは事実です。

これから、そのお話を告白しようと思うのです。

一人目の犠牲者を出してしまったのは、私がまだ弁護士になりたての頃でした。

ある人から債権の取り立てを依頼されました。私は代理人として、債務者のところへ行き、「約束の期限は過ぎてるんやから、すぐに払ってもろわんと」と催促しました。その人はかなり切羽詰まっているようで、「今はどうにもならんのです。どうか、もう少し待ってくれませんか」と、私を拝まんばかりにして猶予を懇願してくる。

私は依頼者に事情を話したのですが、どうにも厳しい人で、「猶予はできない」の一点張りでした。弁護士は依頼者の代理人です。やむなく、依頼者と同様、債務者に対して厳しい態度でのぞみました。電話や書面で、相手の約束違反を責め立て、「早く支払いなさい」と繰り返していました。

すると、最後の電話から一週間後、債務者は自殺してしまいました。遺書には、

「西中弁護士に猶予を頼んだが、聞いてもらえなかった」

と書いてありました。

弁護士は依頼者の代理人。依頼者が厳しいのなら、代理人も厳しくしなければいけないと、若かった私は思いこんでいた。その結果がこれだったのです。

私があんなに追及しなければ、死を選ぶほど、あの人だって追い詰められはしなかった。要するに、私のやり方が悪かったから、あの人が死んだのです。

私が弁護士として未熟だったばかりに、死ななくてもいい人が死んだ。

法律がどうであれ、道義的には人殺しと言われても仕方がありません。

今、私は同じような状況の若い弁護士に、こう言います。

「無茶したらあかんぞ。払えへん、言うてるのと違う。待ってくれ、言うてるのや。せや

から、あまり無理せんようにな」

若かった頃の私が犯してしまった、あのような罪を、他の若い弁護士には犯してもらいたくないと、思っています。

二人目の犠牲者を出してしまったのは、私が弁護士になってから数年後のこと、和島岩吉先生（89ページ）の事務所から独立してしばらくの頃でした。

私は、裁判中に七〇代の男性の証人調べを行っていました。

弁護士としては、依頼者の有利な事実をできるだけ証明しなければなりません。依頼者の不利となる証言が出てきて、もしそこに矛盾があれば、嘘の可能性がある。徹底的に追及して、事実でないと示すのが弁護士の仕事であるわけです。

この裁判の証人の言葉には矛盾があった。そこで、いつもの裁判と同様に、発言の矛盾点を厳しく追及しました。

私としては、当然の仕事のつもりでした。

ところが、私に矛盾を指摘され、事実ではないのではないかと追及されるうち、突然、七〇代の証人は法廷で倒れてしまったのです。そして救急車で病院に搬送されました。

私は慌てました。まさか、相手が気を失うほど、心理的に追い詰めるつもりはなかったからです。

（あんなお年寄りに、かわいそうなことをしたかな）

そう思う反面、こうも思っていた。

（でも、裁判なんやから、しゃあないやろ）

それから二日後、その証人は病院で亡くなりました。

茫然としました。弁護士の仕事をただやっただけなのに、人が死んでしまうなんて、想像もしていませんでした。

弁護士というのは、本当に罪深い仕事だと、つくづく思うのです。

誤解を与えて自殺された

東日本には少ないようですし、今では関西でも大分減ってきたのですが、昔の大阪には残念なことに、差別がよくありました。

差別に絡んで、私には、決して忘れられない出来事があります。差別事件の相談中、自分の軽率な行いのせいで、人を一人、死なせてしまったからです。

これが、道徳的な過失で人を殺してしまった、三番目の話なのです。

私が独立して個人事務所を開いて数年後のことでした。結婚差別で苦しんでいるというご相談を受けたのです。電話のお話はこうでした。

娘さんにある男性との結婚話が持ち上がったけれど、相手のご両親が反対している。その理由が、娘さんの家に対する差別意識のようだ。

電話をくださったのは、お母さんで、「娘が結婚できないのは自分の血筋のせいだ。娘がかわいそうでならない」とおっしゃいます。

私は詳しく事情を聴くために、お宅に伺うことにしました。

当日の午後三時頃、お話を色々と聞いているうちに時間が経ち、六時過ぎになりました。

「遅くなったし、夕飯を食べていってください」

そう言われました。てんぷらを用意してくれている様子だったのですが、その日、私は非常に忙しかったため昼食を摂るのが遅くて、まだ空腹ではありませんでした。

それで何気なく、「いえ、結構です」と、遠慮したのです。

そのとき、お母さんの様子がおかしい気がしました。顔色が悪くなったように思えたのです。でも、気のせいかと思い、事情も聴き終わったことでもありましたから、そのまま席を立ち、事務所に帰りました。

その二日後、私のところに、信じられないような電話がかかってきた。そのお母さんが、自殺したというのです。

「弁護士さんにも差別された。死ぬしかない」

そう遺書に記して死んだと知らされ、私は非常な衝撃を受けました。作った食事を食べてもらえなかったのは、汚らわしいと弁護士が思ったからだ。あの人は、私が食事を断ったことで、こんな誤解をしていたのです。

（事情をちゃんと説明しておくべきだった。あの人の様子がおかしいと思ったとき、なぜ誤解されていると気づかなかったんだ）

私は痛切に後悔しましたが、もう遅い。失われた命は戻ってきません。

私のやったことは、刑法で殺人罪に問われることはなくとも、結果は人殺しと同じです。罪を償うべきだと、私自身も思っています。

実は、この後、この出来事を、差別をなくそうという活動をしている団体が問題視して、私のところへ事情を調べに来ました。手遅れではありましたが、私は事実をお話ししました。差別のつもりではなく、単に空腹ではなかったことを説明したところ、意外なほどあっさりと納得してもらえたのです。

その理由は、私のそれまでの弁護士活動を見ていただいたからだと思います。私は弱い人の立場に立って弁護士活動をしてきました。

「差別問題の解決に力を尽くした、あの和島先生（89ページ）の下にいた弁護士が、差別などするはずがない。これは、きっと誤解だったのだ」
このように、わかってくれました。
つまり、許しがたい罪を犯してしまった私は、恩師の人徳により守られたのです。
自覚しないうちに、たくさんの罪を犯している。
いつの間にか、たくさんの恩を受けている。
二つの真実を教えてくれたこの出来事を、私は決して忘れません。

第二章の要点

- 争うことで運が悪くなる。
- 道徳的な罪は、無意識にしていることも多い。
- 道徳的な負債を放っておくと、運が落ちてしまう。
- 道徳的な罪に気づき、感謝の心を持てば運が落ちるのを防げる。
- 争いは恨みを残し、運を落としてしまう。

●相手に感謝すれば、争いを避けられる。
●遺産相続で争うと不運が子供にまで祟ることがある。
●二つも合格を狙うこと自体、勝手な考え方。
●私利私欲は運を落とす。
●自分の欲を追求しすぎると、他人のことをないがしろにする。
●ズルは自分に返ってくる。
●弁護士は本当に罪深い仕事。
●自覚しないうちに、たくさんの罪を犯している。
●いつの間にか、たくさんの恩を受けている。

第三章

恩

恩返し、恩送りが運を開く

半世紀近い弁護士経験で、数多くの人を見てきて痛感するのは、道徳的な負債が人の運を大きく左右しているということです。

道徳的な負債とはモラロジーの言葉ですが、二つの内容を持っています。一つは人が生きているうちに犯してしまう法には触れない道徳上の罪で、これは前の章で詳しくご紹介しました。

もう一つの道徳的な負債は、人が生きていくのにこうむってきた恩恵です。

まず、太陽や自然からの恵みがあります。誰にでも与えられるこれらの恵みがなければ誰一人として生きていくことはできません。

次に、人から受ける恩があります。私たち人間には**三大恩人**があると、モラロジーでは教わります。

①　国の恩

②　親や祖先の恩

③　教えの恩

まず、国があるから人は生活ができます。生きるのに必要なものを全て一人で作り出す人はいません。必要なものはほとんどが別の人により作られています。こうした分担が成り立つのも、国がきちんと組織立って動いているおかげです。

次に、親や祖先がいなければ、自分という人間は存在しなかったという事実があります。人には必ず血を分けてくれた親が二人います。親の親は二×二で四人になります。祖先を一代さかのぼるごとに祖先の数は二倍ずつ増えていき、一〇代さかのぼると二〇四六人になります。

もし、この二千人余りのご先祖の誰かが、一人でも、わが子を殺すような人だったら、今この世界に私という人間はいなかったわけです。

三つ目の教えの恩とは、いわゆる恩師のことです。人生を生き抜くにあたっては、いろいろなことがあります。様々な知識や知恵、技術が必要になります。そうしたことを教えてくれた人がいたからこそ、生きてこられたわけです。

道徳的な罪と同様、こうした恩は、道徳的な負債です。少しずつでも負債を返すことが、運を良くしていきます。

ただ、**恩を返そうにも不可能な場合があります。**親孝行をしたくても、もうこの世にはいない人もいるでしょう。また、太陽や自然の恩恵は返しようがありません。

そんなときは、恩を与えてくれた人などに直接に返すのではなく、別の人に返すと良いようです。誰かからもらった恩を、別の人に返す。すると、その人がまた自分ではなく別の人に返す。そうやって、世の中全体に恩が循環するようになります。

恩を順送りにするわけで、これを「**恩送り**」と呼びます。

では、恩とは何か、恩を返すとどうなるのか、返さないとどうなるのか、私の見てきた実例についてご紹介していきましょう。

二〇〇万人の恩

私は大阪府立北野高校の出身です。俳優の森繁久彌《もりしげひさや》さんが同じ学校の先輩で、在学当時、講演をしてくださったのですが、今でもその話が忘れられません。

演題は「二〇〇万人に御礼」というものでした。まず、森繁さんは私たち生徒に向かってこう尋ねました。

「君たちが一五歳になるまでに、どれだけの人のお世話になっていると思う？」

答えられる者はいません。すると森繁さんは言われたのです。

「二〇〇万人の人のおかげで現在があるんだよ」

そして、こんな話をなさいました。

生まれてすぐの赤ん坊のときに飲んでいたミルクは、とても大勢の人のおかげで出来ている。牛を飼っている人、牛乳を集めて運ぶ人、牛乳を粉ミルクにする人、粉ミルクを運ぶ人、お店で売る人、それを買ってきてお湯で溶かして飲ませてくれた人、これだけの人々のおかげで、君たちを育てたミルクは出来ていたのだ。

大きくなってから食べてきた食事も同じ、大勢の人のおかげだし、いつも着ている服もそう、暮らしている家もそう、通っている学校だってそう、どれも大勢の人々がいなければ出来なかった。

一五年間、生きるためにお世話になった全ての人々を数え上げると、二〇〇万人になる。その全ての人々のおかげで、今、生きている。

一五歳の高校生だから、これまで何一つ、自分で作ったものはない。全て人様のおかげ、そして親や祖先のおかげである。

森繁さんはこのように私たちを諭し、最後にこんな言葉で講演を結んだのです。

「二〇〇万人のおかげで、これまで生きてこられたんです。その人たちに感謝して、お礼をしましょう。決して命を粗末にしてはいけない」

実は、当時の北野高校では自殺者が多く出ていたのです。二〇〇万人に恩があると教えてくれたのは、そのためだったのでしょう。

若かった私は、森繁さんの話に衝撃を受けました。膨大な数の人々のおかげで、自分は今、生きていられる。この事実を忘れないようにしようと思ったのです。

受けた恩のことを忘れない。

このことは、運を良くするのにも大切なことです。

例えば、運を良くするには、謙虚にならなければならないと、頭ではわかっていても、なかなか実行は難しいとお思いかもしれません。私もやっぱりそうです。

でも、自分が数知れないほどの人々の恩を受けていることを思い出せば、自然と、傲慢な気持ちが消えていきます。

恩を忘れないこと。

これが人の運を変える基本なのです。

運を変えた二十七回忌

弁護士をしていますと、たくさんの争い事のご相談を受けます。その大元には恨みの気持ちがあることも多いようです。

恨みというのは厄介で、近しい人ほど恨んでしまう。ことに、自分の親兄弟のことを、なぜか恨んでいらっしゃる方は珍しくない。でも、恨みは良くないと思うのです。

なぜなら、**恨みは運を遠ざける**からです。

逆に、**恨みを消すと、不思議と運が良くなる**ようです。

例えば、会社の社長さんをしている七〇代のある依頼者と、商売に関するご相談を終えたあと、ふと、こんな話になりました。

「実は、私は早くに母親を亡くしましてね」

依頼者がご自分の生い立ちについて弁護士に話すというのは、よくあります。自分の人となりを話して、相手と打ち解けようというのは、まだ付き合いの浅いときの普通の態度ですし、そんなときには自分の子供時代のことを話したりします。

依頼者が弁護士に生い立ちを語るのも、自分の人となりを弁護士に理解させれば、相談がスムーズに進むと思うからでしょう。

そのときも、私はいつものことだと思って、聞いていたのです。

「母親は三五歳のまだ若いときに、病気で急に亡くなったんです。私は一二歳でした。小さい子供でしたからね、本当につらくて……」

親御さんが亡くなったのは、昭和三〇年（一九五五年）頃です。まだ日本は貧しい頃ですし、経済的にさぞ苦労なさったろうと想像できました。

「それから若い頃まで、あまりにつらい時期が続きましてね、私は母を恨むようになったんです。

『こんなにつらい目に遭うのは、母親が親らしいことを何もしてくれなかったからだ』

そう思って生きていたんです」

無理もない。昭和のあの頃を思い出しながら、考えていました。実の親を恨むなんて、こんな悲しいことはないけれど、残念ながら、苦しいことが続けばそうなってしまうのも無理からぬところだと思いました。聞いていて、こちらまでつらくなってくる気がします。

ところが、その人のつらそうな顔が、ここで変わったのです。

「母の二十七回忌で、叔母がこんなことを言ったんです。

『私のお姉ちゃん、あんたにはお母さんやな、最期の最期まで、皆に言うてたんやで。うちの子を頼みます。

自分はもう何も食べられないほど体が弱って、頭かて朦朧《もうろう》としてたはずやのに。もう自分の横にいるのが誰かもわからん状態やったろうに。お医者さんやろうが看護師さんやろうが、私やろうが、もう自分の近くにいる皆に、あんたのことを頼み続けてた。

うちの子を、うちの子を……。

ずっと、何度も何度も、そう言いながら死んだんやで』

それを聞いて、突然わかったんです。

母に死なれた小さな子供だった私は、確かにつらかった。でも、そんな小さな子供を残して死ななければならなかった母は、私の何十倍も何百倍もつらかったに違いない。

やっと、私は自分の親不孝に気づいて、心から詫びました」

その人は泣いていました。私も涙が止まりませんでした。

叔母から聞いた話をきっかけにして、母への恨みが消えた後、その人は会社経営を成功させました。そして、今では幸せな人生を送っているわけです。

母親の恩に気づいたことが、運を変えたのだと私には思えました。

恨みを消して争いを減らせば運が良くなる

親を恨んでしまうというのは、私にもありました。

小学校二年のときです。私は学芸会の『浦島太郎』で主役をやることになりました。

「お母さん、学芸会で浦島太郎になるから必ず来てや」

「わかった、わかった。必ず行くね」

しかし当日、母の姿はありませんでした。帰宅後、母に詰め寄りました。

「お母さん、なんで来てくれなかったの」

「すまん、すまん……」

後でわかったのですが、母は袋貼りの内職をしており、期限までに仕上げなければならなかったのです。

かわいい息子が主役で出るのに、行きたくない母がいるわけがありません。母のその時の心情を思うと、すまないことをしたと反省するばかりです。

現在、法律相談などでも兄弟同士の争いをよく見聞きしますが、原因は、どうも僻《ひが》みにあることが多い。「他の子はやってもらっているのに、自分はやってもらっていない」と僻むわけです。

つまり、他の子と比べるから僻む。

けれど、比較していると争いばかりが増えて、運を悪くします。争いは、不運の素だからです。

長い弁護士生活で、このことは断言できます。

比較するから恨む。恨むから争う。争うから不運になる。

この私の経験則を、どうか、忘れないでください。

森信三先生の『修身《しゅうしん》教授録』にもこうあります。


「悩みは比較から生じる」


比較は誰でも嫌です。「お父さんは立派だったのに、あんたはどうしてダメなの」とか、「お兄ちゃんはできるのに、なんであんたはできないの」などと言われれば、誰だって嫌な気分になります。

恨みを減らすのには、比較をしないのが一番のようです。

ただ、恨みを消すには、経験から学ぶのが良さそうです。

子供の頃には親のことを色々と恨んでいても、自分が親の年になると、自然と恨みが消えていくことがよくあります。

これはたぶん、自分が親と同じ経験をするからではないでしょうか。

「兄貴だけ可愛がっていたように見えたけど、あれは、間違いだった。俺を育てていた頃、親は経済的に苦しくて兄貴と同じだけの金を用意できなかっただけだったんだ」

例えば、こんな風に、親の気持ちがわかってくると、恨む気がなくなります。

自分の経験だけでなく、人の経験にも耳を傾けていると、恨みを消すのに役立つこともあると思います。

とにかく、**運を良くしたいのなら、早いうちに恩に気づき、恨みを消して、争いを減らすに限る**というのが、弁護士としての私の経験則です。

恨みを買うと運が落ちるワケ

裁判とは争い事です。争い事では、たとえ勝ったところで、必ず負けた相手の恨みを買ってしまいます。

恨みを買えば、その人に引きずり降ろされる。つまり、運が悪くなるというわけです。

裁判をせずに円満に解決するほうがいい。

弁護士としてこれは断言できます。

争って勝っても、後になって、そのときの相手が自分の邪魔をすることは、不思議とよくあるのです。

昔、父母が健在だった頃、こう言っていたものです。

「絶対に人様の恨みを買うようなことをしてはいけない」

私はまだ子供だったので、「なぜ？」と尋ねました。

「ええか、人の恨みを買って、その人が亡くなったとしよう。すると、その人は天国か地獄におるわけやが、そこからお前のことをいつも、じっと見とる。

おまえを引きずり降ろすスキを狙っとるんやで。

そして、お前が何かへまをすると、待ってましたと、あの世からやってきて、お前の足にしがみつく。落ちろ、落ちろ、言うて、地獄へ引きずり降ろそうとするんや。

恨みを買うと、その人がお前のことを引きずり降ろすで。せやから、人様の恨みを買ってはならんのや」

大人になって弁護士になってからも、この話は忘れられません。私が弁護士なのに、裁判をなるべく避けようとするのは、そのせいかもしれません。

人の恨みを買うと運を落とす。

このことを教えてくれた父母から受けた恩を、絶対に、私は忘れません。

親の面倒を見ようと決意したら運が良くなった

弁護士として色々な人生を見てきましたが、運には不思議なところがあるなとつくづく思います。なぜそうなるのか、理屈は全くわからないのですが、運が働いているとしか思えない出来事を、私は何度もこの目で見てきました。

次のお話も、そんな一例です。

五人の兄弟全員が、ご両親の元を離れて独立されていました。ところが、ご両親は高齢になり、郷里の滋賀県に帰りたいというお気持ちでした。でも、滋賀にはもう家はなく、帰るとなると新しく家を買わなければなりません。残念ながら、ご両親にはそんな経済的な余裕はないので、願いをかなえるためには、五人の兄弟の誰かがお金を用意するしかないわけです。

「誰が金を出す?」

兄弟で相談したところ、少々もめました。家を建てるには大金が必要ですし、無理もないことです。結局、ご次男が「俺が滋賀に家を建てて同居するわ」ということになったそうです。

つまり、ご両親の願いを叶えて大金を出すだけでなく、ご両親の老後の面倒まで見ると決意されたわけです。

一見、ご次男だけが、五人兄弟の中で、貧乏くじを引いたように思えます。

けれど、そうではありませんでした。

滋賀県に土地を買い、家を建てて、ご両親とともにご次男が移り住んで数年後、急に高速道路計画が持ち上がり、その土地の価格は暴騰したのです。

親の願いを叶え、親の面倒を見ようという孝行の結果、幸運が舞い込んだわけです。

不思議と、親孝行をした人に幸運が巡ってくることはよくあります。

損得を度外視して「親のために」と思う心と幸運とは、どこかでつながっているのかもしれないなと、思うのです。

仕事の失敗を「良かった」と言ってくれた恩師

私は弁護士になってすぐ、和島岩吉弁護士の事務所に入れていただきました。

和島先生は日弁連の会長もなさった方で、弱者の立場に立った弁護で知られた素晴らしい人でした。

私は先生の事務所に四年ほどお世話になったのですが、おかげで、たくさんのことを教えていただいたと感謝しています。

和島先生の教えは、弁護士として人間として人生の生き方として私の基本となっているのですが、今でもよく思い出すのが、ある仕事でやってしまった失敗のことです。

仕事とは詐欺事件の弁護で、元暴力団の男性からの依頼でした。

まず私は、保釈を申請しました。保釈金二〇〇万円で認められ、依頼人は拘置所から出ました。仕事の第一段階はうまくいきました。

肝心の裁判では、依頼人の希望通り、執行猶予を狙いました。有罪になっても執行猶予がつけば刑務所には入らずに済みます。

「依頼人は罪を十分に悔いていて、再犯の可能性は低い」

このように私は主張し、裁判官を納得させるように努めたのです。結果は見事に執行猶予となり、私の弁護士としての仕事は成功しました。

希望通りの判決を得た依頼人に、私は約束の成功報酬である一〇〇万円を請求しました。大金ですが、私は、彼がそれを支払えることを知っていたのです。裁判が終わったときに、保釈金として裁判所に出した二〇〇万円が返還され、代理人である私が預かっていたからです。

「じゃあ、預かっている保釈金のうち一〇〇万円は、報酬としてもらいますよ」

ところが、報酬を求められた依頼者は、こう言ったのです。

「いったん、その金、全部ワシに渡してもらえませんやろか。実は、あの金は組に出してもろた金なんです。けど、ワシもう足を洗いたいんです。それには、あの二〇〇万、組に返さんとならんのです」

保釈金のために暴力団に借りた二〇〇万円を、そのまま暴力団に返せば縁が切れる。そう聞いて、私は良いことだと思いました。

「じゃあ、保釈金は全額、暴力団に返しなさい。私の成功報酬は後でいいから」

そう言って、二〇〇万円をそっくり依頼者に渡すと、彼は「ありがとうございます。先生へのお支払いは後で必ず持ってきます」と言いながら、涙を浮かべて帰っていきました。

私は、依頼者が暴力団と完全に縁が切れ、健全な生活に戻れるはずと信じ、正しいことをしたつもりでいたのです。

ところが、これは甘かった。その後、依頼者は行方不明になってしまったのです。もちろん、報酬の支払いなどありません。

その依頼人は詐欺事件の犯人です。言葉巧みに支払いを逃れようとするかもしれないと、当然考えるべきだったと悔やみました。

和島先生に何と言えばいいだろうか。私は青くなりました。一〇〇万円というお金は、私個人のものではなく、仕事を受けた和島先生の事務所全体に対する報酬です。若い私の失敗で、事務所に迷惑をかけてしまったわけです。

びくびくしながら、和島先生に、報酬金を取り損ねたことをお話しするしかありませんでした。

ところが、先生は、こうおっしゃったのです。

「良かったじゃないか」

耳を疑いました。さぞかし、いぶかしい顔を私はしていたでしょう。その私を諭《さと》すように、先生はこう言ったのです。

「君は騙《だま》されて悔しかったろう。良い経験をした。騙されるとどんな気持ちになるのか、よくわかったと思う。君は、決して人を騙す人間になるなよ」

痛めつけられる人、弱い人の立場になって弁護する。

和島弁護士とは、そんな素晴らしい人でした。その方の薫陶《くんとう》を受けて、私は弁護士としての半生をスタートさせてもらいました。

私はその恩を忘れることができません。今も、深く感謝しています。

国の恩は不思議なもの

人間は知らないうちに、たくさんの人の世話になっていると思います。普段はその恩を感じることがないので気づかないけれど、ひょんなことで、「ああ、こんな人に世話になって生きてきたんだな」と気づくこともあります。

これは人についてだけではなく、国についても同じなのかもしれません。「俺は国の世話になんかなったことがない」と思うかもしれませんが、**ほとんどの日本人は国があるからこそ生きていられる**というのが事実でしょう。

そのことは、戦争になっているよその国を見ると、よくわかります。国がしっかりしていないと、他国ともめて戦争になります。私たちが平穏に暮らしていられるのは、日本という国がしっかりしてくれているおかげです。

ただし、国の恩も、普段は、なかなか実感としてはわかりにくいのも事実でしょう。でも、国の恩が、不思議と自然に感じられてくる場合があるのです。そんな実際の経験が、私にはあります。

今から三〇年以上前のことです。私は皇居の勤労奉仕に参加しました。

ご存じない方もおられるでしょうが、一般の人が志願して、皇居の中の掃除などをするボランティアの制度があり、それを勤労奉仕と呼びます。

私はモラロジーの団体の一員として参加したのですが、正直なところ、天皇陛下への尊崇の念がそうさせたというより、皇居という普通は入れない場所に行ってみたいという気持ちが主たる動機でした。

皇居には、テレビのニュースなどで見たことのある、天皇陛下自らが田植えをなさる田んぼがありますし、ご研究のための植物園もあると聞いていました。そうした場所を直に自分の目で見てみたいという好奇心が強かったのを覚えています。

とは言っても、私にも天皇陛下への尊敬の気持ちが皆無ではなく、平和なこの国の人々を古くから束ねてくださっていることへの感謝はありました。

ところが、そのときに私たちと同じように勤労奉仕に来ていた他の団体のある婦人には、天皇陛下への尊敬など、かけらもないようだったのです。ご自分の口でそう言っていたのですから、本当なのでしょう。なんでも、太平洋戦争で息子さんを亡くして以来、天皇の責任だと恨んでいたそうです。

「じゃあ、どうして勤労奉仕に来たんですす？」

と尋ねると、そのご婦人は「そりゃ、皇居なんて普段は入れない場所に、私みたいな一般市民が入れるチャンスだから」と、私と同じような動機を答えたものです。

さて、それから勤労奉仕は四日ほど続いたのですが、最終日、全員が並んでいる前に天皇陛下がいらっしゃって、「ご苦労様」とお声をかけていただいた。私たちは皆で、万歳を三唱していました。

そのとき、ふと、例のご婦人の方を見たのです。すると驚いたことに、いちばん大きな声で「万歳！」と叫んでいた。それだけでなく、叫びながら涙を流しているではありませんか。

息子の戦死は天皇のせいだと、あんなに恨んでいたはずなのに。

不思議な光景でした。

ちなみに、今から三〇年以上前ですから、そのときはまだ昭和の時代のこと、天皇はもちろん昭和天皇、あの太平洋戦争のときの陛下御自身です。

恨んでいたはずの方の前で、万歳を叫んだのはなぜだったのでしょう。

陛下の高い徳に打たれたからでしょうか。それとも、恨んでいるとは口ばかりで、本当は陛下を敬愛していたからでしょうか。

私には本当のところはわかりません。ひょっとしたら、涙を流していたご本人にも、理由はわからなかったのかもしれません。

ただ、陛下のお姿を直接拝見したとき、日本という国への感謝の気持ちが、あのご婦人の心のどこかに湧き起こったに違いないと、私には思えてならないのです。

この日本に生きていたご先祖様のおかげで今の自分が生きているという実感が、天皇陛下という方の姿に凝縮されて、感動が湧き起こったのだと、そんな風に思われるのでした。

不思議な形で国の恩を肌で感じられた、忘れられない体験でした。

息子に親孝行の手本となってくれた妻の恩

私は運の良い人間だとつくづく思っています。夫婦そろってもう七〇歳を超えているのですが、長男のおかげで老後の心配をせずに済むからです。

実は、この幸運は妻のおかげなのです。妻の良い人間性が、回り回って、私の幸運となっています。

その幸運とはこういうことです。

長男は今、四〇代前半で、大手スーパーに勤務しています。大手スーパーでは総合職の社員には転勤がつきもので、現在、長男は名古屋支店にいます。ところが、私たち両親がいる関西勤務を希望し、私にこう言ったのです。

「総合職から地域職に変えてもらった。そうすれば、ずっと関西にいられるから」

「地域職になると給料もだいぶ減る言うてたのに、何で変えた？」

「お父さんもお母さんも高齢者や。心配やしな」

私たち夫婦の老後の面倒を見るために、収入の不利を承知で、職種を変更してくれたのです。親思いの息子に育ってくれたことが何よりも嬉しく、感謝の気持ちでいっぱいになりました。

私はこのとき、長男に対してはもちろんですが、妻に対しても「ありがとう」と思わずにいられなかったのです。

なぜなら、**長男の親孝行は、妻を手本にしたものだった**からです。

妻は、私の母の面倒を誠心誠意、見てくれました。

長年の親不孝を感じていた私は、母が寝たきりになったとき、自宅に引き取る決心をしました。けれど、私には仕事がありますし実際に母の面倒を見るのは難しい。結局、妻が介護から下の世話まで全てやってくれました。

「今まで本当にありがとう」

九八歳で亡くなる間際に、母は妻に「弘美さん、ありがとう」と感謝の言葉を伝えました。妻はその一言で、それまでの苦労が全て吹っ飛んだと言います。

そんな献身的な看護をする妻の姿を、長男は見ていた。

「親が年老いたら、子供は面倒を見るものだ」

そう思ってくれたに違いありません。

私は何もしていませんが、妻が子供の手本になってくれたわけです。そのおかげで、私たち夫婦には幸せな老後が待っています。

妻の恩で、幸せな老後を送れるのだと、私は感謝せずにはいられません。

恩人を大切にする

大阪に十川《とがわ》ゴム製造所という会社がありました。日本のゴムホースのトップメーカーなのですが、この会社の創設者である十川栄さんにはこんなエピソードがあるそうです。

青年時代、十川さんはゴム製品を販売する小さな店に勤めていました。朝早くから夜遅くまで仕事に打ち込む好青年で、主人からも得意先からも信用されていました。また、わずかな給料ながら、将来のためにコツコツと貯金をしていたそうです。

ところが、ある日、十川さんの勤める店は突然、倒産します。店の主人が酒好きで、経営をおろそかにしたことが原因でした。倒産すると、債権者が押し掛け、店の物から主人の家財道具まで差し押さえていきます。その様子を見ながら、店の従業員たちは当然のことながら、次々と店を出ていきました。

ところが、出ていく同僚たちをしり目に、十川さんは店に残ったのです。もちろん、他の勤め先を探すという選択肢はありました。真面目で信用されていた十川さんは、他の店や会社から高給で誘われていたのですが、それを断った。

「私は給料の額で自分の行く道を決めない。これまでお世話になったご主人を見捨てるようなことはできない」

理由を聞かれて、こう答えたそうです。

そして、店のご主人の家財道具が競売にかけられた日、十川さんは自分の貯金を全部下ろしてそれを買い取り、ご主人に渡しました。

ご主人を助けた後、ようやく独立したのですが、そのときには十川さんの人柄を見込んで彼の事業を援助しようと申し出る人が何人も出て、会社はたちまち発展します。

さらに、十川さんは、会社が成長すると元のご主人を工場長に迎えました。そのうえ、ご主人がなくなると遺族の世話まで見たのです。

「なぜ、そこまでするんですか」と尋ねられたとき、十川さんは「ご主人は恩人だからです。ご主人が仕事を教えてくれたから、私は今の道へ進めたのですから」と答えたそうです。

これほどまで、恩人を大切にしたからこそ、十川さんは社会的信用を得られたわけです。

有名な経営学者、ドラッカー氏は言っています。

「経営者が身につけていなければならない資質とは、天才的な才能ではなく、品性だ」

品性とは人徳のことです。

恩人を忘れない人徳の高さが、運を導く。

私たちも十川さんにならい、人徳を磨きたいものです。

第三章の要点

- 恩はもう一つの道徳的な負債。
- 三大恩人とは、国の恩、親や祖先の恩、教えの恩。
- 恩を受けた負債を返すことが、運を良くしていく。
- 恩を与えてくれた人に直接に返せなければ、別の人に「恩送り」する。
- 母親の恩に気づいたことが、運を変えた。

第三章　恩

●人の恨みを買うと運を落とす。
●不思議と、親孝行をした人に幸運が巡ってくる。
●ほとんどの日本人は国があるからこそ生きていられる。
●長男の親孝行は妻を手本にしたものだった。
●恩人を忘れない人徳の高さが、運を導く。

第四章

徳

運は人徳しだい

運の良い人、運の悪い人を数多く見てくるうち、こう思うようになりました。

運は人徳で決まる。

人間性の良い人ほど、運が良いことに気づくようになったからです。**人間性が良いと、一見、損な生き方をしているようでも、運が味方して成功します。人柄の悪い人は、一時は成功しても、運に見放されて転落してしまいます。**

私は弁護士として、人間性によって運が左右される事実を、何度も見ました。

運が人徳により左右されることは、私だけの経験則ではありません。実は、古来より、この事実はよく知られていたようです。

例えば、中国に孟子《もうし》という思想家がいます。今から二〇〇〇年以上も前の人ですが、その孟子の残した言葉に、こういうものがあります。

「天爵《てんしゃく》 修《おさ》めて、人爵《じんしゃく》これに従う」

天爵とは、天から与えられた爵位のことです。爵位とは地位という意味ですから、天爵とは、天から与えられた地位、つまり徳のことを意味しています。

これに対して、人爵とは、人の世の中での地位のことですから、具体的にはお金などの富、学力や知力、権力などのことを意味します。

すると、孟子の言葉の意味はこうなります。

「徳を積めば、富や権力などは自然に手に入る」

つまり、人徳があれば運が良くなると、孟子は言っているわけです。

富や権力ばかり手に入れようとしても、人徳が備わっていなければ無駄です。

それよりも、まず人徳を備えるようにすれば、富や権力などは後からついてくるということなのです。

富や権力などを欲しがるのは幸福になりたいからです。人徳が良ければ、充実した心で生きられますし、良い人々に囲まれて幸せに生きていけます。富や権力を得るなど、人徳のある人にとっては二の次だと感じられるでしょう。

不思議なことに、**人徳が高く、富や権力を特に欲しがっていない人ほど運が良くなって、かえって富も権力も手に入ってしまう**ようです。

人徳と運には深い関係があります。これから、私の経験してきた様々な実例をご紹介して、そのことをご説明します。

運を決めているのは人間性

人を褒める言葉は様々あります。褒められるということは何か良い点があるということでしょう。

どんなことを褒められても気分は良いものですが、私はふと、こう思ったのです。

「運が良くなる人は、どんなことを褒められるものなのだろうか」

有能、頭がいい、うまい、など。これらは能力を褒める言葉です。能力はお金を稼ぐことにつながりますから、今の世の中では、これが尊重されるようです。

でも、お金次第で世の中はどうにでもなると思う人もおられるかもしれませんが、現実にはそうでもない。お金があっても不幸な人はたくさんいるからです。

どうやら、能力を褒めてもらっても、「運が良くなりそうだ」と思うわけにはいかないようです。

褒め言葉は他にもあります。

きれい、かわいい、ハンサム、二枚目、背が高い、スタイル抜群、など。最近では、二枚目とはあまり言わずに「イケメン」と言うらしいですが、これらの言葉はどれも、容姿を褒めているわけです。見た目のことが気になるのは、昔から変わらない人間の性質なのかもしれません。

しかし、容姿の良い人は皆に気に入ってもらえて幸福になりそうに思えるかもしれませんが、実際はそんなに単純ではない。きれいな女性の不幸は珍しくないですし、ハンサムだからこそ転落してしまった男性もいます。

見た目も、運のバロメーターとは言えないようです。

もっと別の褒め言葉はないでしょうか。そうそう、こんな言葉もあります。

優しい、頼れる、信用できる、正直、真面目、など。これらは人間性を褒める言葉です。人間性は直接お金儲けにつながるわけではありませんし、皆に注目されたり、ちやほやと優遇されたりするわけでもありません。

けれど、私などは、「有能ですね」と言われるよりも、「優しいですね」と言われる方が嬉しいですし、北新地《きたしんち》のホステスさんに「二枚目ね」と言われるより、「信用できそう」と言われる方がいい。

実は、**能力が高いことよりも、見た目が美しいことよりも、運の良し悪しに深く関わっている性質は、人間性**なのです。

例えば、上場企業では、次期社長を決める際に最も重視されるのは、その人の実績でも能力の高さでもなく人間性だと言われています。

もちろん、生きていくにはお金が必要ですし、それには能力も地位も要るでしょう。見た目の良さだって、人との付き合いでは無視できない要素です。

でも、お金も能力も容姿も、所詮は生きていくための道具にすぎません。幸運を引き寄せるのは人間性次第なのです。

「優しい」と言われる方が「頭がいい」や「イケメン」よりも嬉しいのは、そのためです。

運を決めているのは人間性。

これが、一万を超える依頼者の不幸や幸福になる様を見てきた、私の結論です。

弁護士の人間性

現代の日本では弁護士の格差が拡大しているそうで、生活さえままならない弁護士が急増中だそうです。年収三〇〇万円の弁護士の数がここ一五年で二倍に増加したという話もあります。

こうなった原因は、小泉内閣の構造改革でした。弁護士の数を増やそうとして司法試験を易しくしたのです。私が受験したのは今から五〇年ほど前でしたが、合格者は五〇人に一人の割合でした。ところが、現在では三〜四人に一人の割合ですから、昔に比べて一〇倍以上も合格率が高い状態です。

実際、昔ならば弁護士の息子に生まれても、司法試験に合格して親の跡継ぎになれる人は極端に少なかったものです。ところが今では、私の周囲の話を聞いている範囲では、弁護士の息子は自分が志望さえすれば大半が跡継ぎになることができているようです。

さて、このように司法試験が易しくなり、合格者が激増したため、弁護士の世界では現在、過当競争が起こっています。弁護士の収入の格差が広がり、ろくに生活もできないケースも珍しくないありさまです。

今では、司法試験に合格しても生活のめどが立たないからと、弁護士として開業することをあきらめる人さえいて、司法試験に受かったのに全く畑違いの仕事をしている方もいるそうです。

これほど競争の厳しい時代になると、重要になるのが、弁護士の人間性かもしれません。例えば、これは私の事務所にかつて所属していた若い弁護士の話です。

彼は非常に礼儀正しい人で、依頼者にはもちろん、相手方の人間と話すときでさえ、優しい丁寧な言葉づかいをします。

もちろん、礼儀正しいことは悪いことではないのですが、依頼者の代理人として紛争の解決に当たるときに、相手に対して優しい言葉づかいばかりするのは、不都合なのではないかと、私は心配しました。

「君、そんな調子やと、債務者になめられるで」

仕事がうまくいかない様子なので、ときどき、こんな注意をしたものです。

彼は私のアドバイスを聞き入れて、丁寧すぎる話し方を直そうとしたようですが、あまり効果はなく、口調は丁寧なままでした。多分、それが彼の人間性なのだろうと、私もそれ以上、強くは言いませんでした。

結局、彼は、私の事務所に四年ほど所属した後に独立しました。

それから二か月後、私は彼がどうしているのかと気になりました。なにしろ、若い弁護士が過当競争で苦労している時代です。あんなお人よしで、大丈夫だろうか。生活は成り立っているだろうかと心配していました。

「どうや、うまくいってるか」

尋ねてみると、意外な答えが返ってきたのです。

「おかげさまで、順調です」

私の事務所にいた頃に依頼者の相手方、言わば敵方として対峙していた人から、頻繁に仕事が来ているらしいのです。

「あんなに丁寧で親切な人なら間違いない」

そう言って、仕事を依頼してくるのだと彼は言いました。

最初は、理由がわからなかったのですが、話を聞くうち、私は納得しました。

弁護士が受ける仕事には、刑事事件と民事事件とがあります。私の事務所では民事の仕事が多いのですが、この場合、依頼者の相手方は別に犯罪に関わったというわけではありません。強盗や殺人を犯したというわけではないのですから、なにも怖い顔や態度で臨む必要もないはずで、丁寧な口調で話すのもおかしくはないわけです。

債務者にしてみれば、「金を返せ」と言いにきた弁護士に、優しく丁寧な態度をされればきっと驚くでしょう。弁護士は、冷たい怖い態度で法律知識を振り回して、自分を追い詰めに来るとばかり思っていたでしょうから、なおのこと、彼の態度は心に強く印象を残します。

それで、相手方は自分が弁護士を雇うときになると、彼のことを信用する気持ちになったというわけです。

彼は私の事務所で四年間も丁寧で親切な態度を続けました。

その間、相当数の仕事をこなしていますから、彼の親切な態度で驚いた相手方もかなりの人数になります。それが皆、彼の潜在的な依頼者なのですから、仕事が順調なのももっともでした。

つまり、たとえ目先の仕事では少々不都合でも、丁寧で親切な人間性はちゃんと別の仕事となって良い影響を与えたのです。

弁護士が過当競争の時代だからこそ、彼の人間性の良さが活きたわけです。

お金を稼ぐのが難しい時代でも、人間性が良ければ、幸運が舞い込む。

弁護士だけでなく、全ての今の若い人に、ぜひ、わかってほしいと思いました。

経営者の品格が社員の不満を消した話

人間性を磨くと運が良くなる。

私は経験上、このことを知っていますが、なぜなのかとお思いの人もおられるかもしれません。理由は簡単です。

人間性の良い人は、争いが少ないから。

争いは不幸の元です。恨みが残り、人間関係が壊れます。運とは人が運んできてくれるものですから、人間関係が損なわれれば運も悪くなるわけです。

争いが少ないと、人間関係が良くなります。運も良くなっていくことになるのです。

実例をご紹介しましょう。

住宅販売の会社に勤めている人が、私のところに相談に来ました。会社の査定に不満があるとのことでしたので、私は事実を調査することにしました。

けれど、その人は調査の結果が出るのを待てずに、社長に直談判したのです。

出社してすぐ、いきなり社長室に乗り込んだとき、彼が見たのは、社長が壁に向かって深々と礼をしている姿でした。不審に思い、壁の方をよく見ると、そこにはびっしりと写真が貼ってありました。

わからないことだらけで考え込んでしまっていたところ、ようやく社長が彼に気づきます。

「どうした？」

「この夥《おびただ》しい写真は何です？　なぜ、社長は写真に礼をしているんですか？」

つい、疑問を口にしました。

「ああ、君たち社員の写真だよ。朝、会社に来ると必ず、こうしてお礼を言うんだ。皆さんのおかげで、会社を運営できます。ありがとうございます。どうか、皆さんも幸せになれますように。

そして、会社から帰るときにも、お礼を言う。

今日も一日、無事に会社を運営できました。ありがとうございます。皆さんにも良いことがありますように」

社長はちょっと照れくさそうに、そう言ったのでした。

不満を訴えるつもりの彼でしたが、社長の言葉を聞いて拍子抜けがして、何も言わずに退出しました。社長の言っていることは、本当なのだろうかと半信半疑だったので、隣の部屋にいた秘書に尋ねたところ、やはり事実だとわかりました。

「それだけではないんですよ。社長は全社員のことを本当によくご存じなんです。ご両親はどうしているか、お子さんはどうか、いつも気にしていらっしゃる。

そして、社員の身内に何かあれば、すぐに相談に乗るんですよ。この間も、社員の肉親が交通事故にあったんですが、社長はすぐに病院へお見舞いにいらしたんです。入院費は大丈夫か。もし困っているのなら用立てようかと相談に乗ろうとしていたんですよ。どうしてもご自分で行けないときは、私たち秘書が代理でお見舞いに行くこともあります。困っているようだったら、必ず、相談に乗ってあげるようにと言いつかってね。

社長は、いつもそうやって、社員のことを考えているんです」

事実だと知って、彼の不満はすっかり消えていたそうです。会社の査定は不当だと裁判に訴えることまで考えていたのに、そんな気持ちは全くなくなっていました。

社長の人間性が、社員の怒りを鎮めたわけです。

もし、社長の人間性に問題があったら、この社員は査定の不満から、会社の不当を訴えて裁判を起こしていたかもしれません。

そうなれば、会社のイメージダウンになり、業績にもマイナスの影響が出たかもしれないのです。

社長は、自分の人間性が、裁判沙汰を未然に防いだことに気づいてはいないでしょう。

けれど、**経営者の品性は企業の運を間違いなく左右しています。**

経営者だけではありません。どんな職業の人でも人間性は運の良し悪しにつながります。そのことを、ぜひ、忘れないようにしてください。

人柄の良さは運を呼ぶ

仕事で運を呼ぶには、損得を忘れた方がいいのかもしれません。

私はこれまで弁護士を四七年やっていますから、ずいぶんと大勢の事務員さんのお世話になってきました。そのなかでも、最も感銘した女性のことをお話しします。

私が最初に彼女を普通と違うと思ったのは、出勤時間でした。勤務時間は午前九時から午後五時だったのですが、採用してから毎日、午前八時半には出勤して、その日の仕事の段取りをしているのです。それで、こちらが何も言わないのに午後五時半まではきっちりと仕事をしていく。しかも、残業手当など一切請求することはありません。このまじめな勤務態度を「当たり前」という顔で続けていたのです。

そして、このまじめさ以上に私の心に残ったのが、プレゼントでした。

彼女が何やら嬉しそうに用意しているのに気づいて、「それは何?」と尋ねると、親御さんの誕生日のプレゼントだという返事です。どうやら、ご両親の誕生日には欠かさずにプレゼントしているらしい。しかも、それが本人にとっても嬉しいことだというのが態度を見ても明らかにわかります。

真面目で親孝行、しかもそれを当たり前だと思っている自然さに、私は感銘を受けたのです。こんなにいい人には幸せになってほしいと、私もごく自然に思うようになりました。その後、私は彼女に結婚相手を紹介し、円満に結婚退職しました。今でも、幸せな家庭生活を送っているそうです。

損得だけで働いていられては、雇っている方でも寂しくなります。この人のように、気持ちよく働いてくれると、こちらの方でも何かしてあげたくなるものなのです。

一〇〇働いても、八〇しか要求しない。

損だと思うかもしれませんが、見ている人は見ています。必ず、運が近づいてくるものなのだと、私の経験からは言えます。

ところが、現代では一〇〇働いて一二〇も二〇〇も取ろうとする。それが当たり前のように思われているようです。

でも、これは得のようでいて、実はそうではありません。いつか、別の形で余分を返さなければならなくなるものです。

それよりは、目先の損得よりも、働くときの気持ち良さをもっと大事にした方が、運を呼び寄せる結果につながるようです。

もっとも、最近の世の中では、従業員にサービス残業をさせるところが問題になっています。ひどいところでは自殺したくなるほどの過重労働をさせるブラック企業も社会問題になっている時代です。

そんな時代に、「損得を忘れて仕事を」と言うと、ブラック企業を喜ばすようなものだと怒る人もいるかもしれません。

もちろん、会社が利益をあげるために、人をこき使うなど論外の話で、働いてくれる人にはきちんと報酬をお支払いするのは当然です。

ただ、働くときに損得ばかり考えていると、運が逃げると言いたいだけなのです。もし、働くことがつらいのなら、それはだめです。

あくまでも、気持ち良く働ける範囲で、損得を忘れるのが大切です。

気持ち良く損得を忘れて働くと、運が良くなる。

くれぐれも、**「気持ち良く」という点に注意**して、過重労働にだけはならないようにお気をつけください。

和島先生の教え「人を選ばず」

恩師である和島岩吉先生には、本当に多くのことを教わりました。その一つをご紹介します。

和島岩吉法律事務所に私がお世話になったばかりの頃、新しい事務員の採用を任されたことがありました。募集をかけて、応募してくれた人たちの面接をし、未熟な自分なりにあれやこれやと考えた結果、最も良いと思われた女性を選びました。他の応募者は、どの人も問題があるように思えて、不採用に決めたわけです。

ところが、ようやく決まったはずの人が突然辞退してきて、私は慌てました。事務所では早急に事務員が必要だったからです。今からもう一度、募集をかけても時間がかかりすぎてしまうし、前の募集のときに不採用と決めた人を雇用するのはまずいと、私は思っていました。

良い知恵も浮かばないので困り果て、和島先生に相談すると、先生は履歴書の入っているケースの中から、一通を無造作に取り出すと、それを見もしないで、こうおっしゃったのです。

「この人が良い。連絡を取って、他に就職が決まっていないようなら、採用してうちで働いてもらおう」

私は驚きました。私の見るところ、それは不採用にした人の中でも、最も問題があると判断した人の履歴書だったからです。

「もっと、ちゃんと選ばなくて大丈夫なんでしょうか」

先生は笑って言いました。

「大丈夫。うちで働きたいと言ってくれているんだろう。世の中にたくさんある就職先の中から、わざわざ、うちを選んでくれたんだから、この人で大丈夫」

普通ならば、事務員の採用といえば、私のように履歴書を頼りに選んだり、面接で少しでも能力や性格を知った上で決めようとするところでしょう。

ところが、和島先生は履歴書の内容を一切見ないだけでなく、応募者の顔さえ見ずに、決めてしまったわけです。

応募してくれただけで、和島事務所と縁がある。だから、きっと大丈夫だと、先生はお考えのようでした。

半信半疑ながら、私は先生の言う通り、その人と連絡を取って事務員として来てもらうことにしました。働いてくれるようになってからわかったのですが、その女性は本当に人柄の良い、素晴らしい人だったのです。

履歴書に書いてある学歴や資格などは今一つでしたが、能力も高く、勤務態度は真面目でしたし、採用してよかったと後に思いました。

普通、事務員を採用すると言えば、雇う側が選ぶものでしょう。でも、和島先生は違いました。雇われる側が自分のところを勤め先にと選んでくれた、その縁が重要だと、おっしゃったわけです。

人を選ぶことより、人を信じることが重要。

先生の人格がなければ、できない態度だと思いました。

実際、学歴だの資格だのと、書類に書かれていたことばかり見ていた私より、人と人の縁を信じている和島先生の方が正しかったわけです。

応募してくれただけで、すでに縁がある。

素晴らしい考え方です。その後、弁護士として様々な人の相談に乗っているうち、縁の大切さを身をもって知ることが増えていきます。

縁を大切にすると、運が開ける。

今では、これが私の経験則となっているのです。

利益のあるなしで態度を変える医者

ずいぶん昔のことですが、私の通っていた内科医の先生は、患者に対してそれは優しい人で、診察も治療も丁寧なことで知られていました。患者の評判はもちろん良く、その病院は流行《はや》っていたのです。

ところが、この先生には別の面があることを知ってしまいました。弁護士としての仕事で病院経営に関する情報を得たのです。

患者にたいそう評判の良い人でしたが、出入りの製薬会社や医療機器メーカーのセールスマンの評判は最悪でした。「お前のところの薬や機械を入れさせてやっているんだ」といつも口にし、傲慢な態度で図々しいサービスを要求していたのです。

病院で雇用している看護師や薬剤師などのスタッフに対しても同じでした。傲慢で冷たい態度だったそうです。

私は弁護士ですから守秘義務があります。そういう医者だと、外へ漏らすようなことはしませんでしたが、もう、この病院に通うのは嫌になりました。また、積極的に友人や知人へこの病院を紹介しようという気はなくなっていました。

しばらくは、この医者のことはすっかり忘れていたのですが、数年後、この病院は潰れました。経営不振のせいでした。

利益になるから優しくし、利益にならないから冷たくする。

どうやら、**こんな人は運を逃がす**ようですので、気をつけたいものです。

徳の相続が運を開く

私たち弁護士はお金持ちの高齢者から、財産相続の対策の相談を受けることがよくあります。

ご自分の築いた財産をできるだけ多くお子さんたちに引き継がせたい、なるべく、相続税を安くしたい、こういったご相談が多いのです。

節税対策などは、本来、弁護士の仕事と言うよりは税理士の領分だと思うのですが、弁護士ならば法律の抜け道を知っているのではないかと、そのようにお考えなのでしょう。

いずれにせよ、ご相談の趣旨は、どなたも「なるべく多くのお金を子孫に」ということなのは間違いない。

しかし、どれほど節税して**大きな財産を引き継がせても、実のところ、あまり子孫のた**

めにはなっていないようです。

苦労して財産を築き、これまたさんざん知恵を絞って節税して、大きな遺産を子供に渡すのに成功したのに、肝心の子供が、その遺産で不幸になった例を、私はいくつも実際に見てきています。

よくあるのは、大金が入って、ギャンブルにのめりこんでしまう例です。

財産を作った人は、お金の価値をよく知っていますし、有効なお金の使い道も心得ているものです。けれど、遺産相続人は自分でお金を稼いではいないので、お金の価値をよく知りませんし、有効な使い方もわからない。それで、安易な気持ちで娯楽に浪費してしまいがちになるようです。

ギャンブルでなければ、高級クラブに通い詰めたり、女性につぎ込んだりする人も多いようです。いわゆる、「飲む、打つ、買う」という三大道楽です。

こうした道にのめりこめば、億単位の遺産も、数年できれいになくなりますが、遊びほうけていた人のこと、その後の人生を立て直す気力を出すのは難しい。ただ転落していくだけです。

もっとも、少し昔なら、遺産相続人が女性の場合、ギャンブル以外の道楽にははまりにくかったのですが、今の世の中だとそうもいかないらしく、ホストクラブに入り浸ったり、若い男性をかこったりして、やはり同じように遺産を使い果たしてしまうようです。

結局、どれだけ苦労して、**財産を遺しても、子孫の幸福にはあまりつながらないのが現実**だと私は思っています

もし、本当に子孫の幸せを思うのなら、もっと別のものを遺した方が良いようです。

昔から、関西には長く続く名家があります。そうした家では、財産も遺しますが、それが子孫繁栄の理由ではないということを、私は知っています。

古い家には、たいてい、家訓というものがあるのです。

例えば、質素倹約を説いたり、傲慢を戒めたり、周囲の人々との協調を説いたりと、人間が生きていくのに役立つ、心の在り方を教えるものです。

古い名家では、この家訓を大事にしているので、長い間、繁栄を続けてきているということなのです。

財産よりも、徳こそ遺すべき。

子孫の開運と幸福を願うのなら、ぜひ、覚えておいてください。

死に方で真の幸福がわかる

友人の弁護士が亡くなったときの話です。彼は弁護士会の役職を歴任していて、葬儀には国会議員や知事、上場企業の役員などが列席していましたし、非常に大勢の参列者が集まって盛大に営まれました。

ところが、式が進み、親族の焼香になったとき、異様な雰囲気になってしまったのです。焼香したのは彼の奥さんと子供たちだけ、他の親戚は一人もいなかったからです。

そうなったのには、何か家庭の事情があったのでしょう。

また、ある資産家から五人の子供さんへの遺産分配について相談を受けて、依頼者の大邸宅に行ったとき、こんなことを言われたことがあります。

「子供が五人いるのに、どの子も家には寄り付かないんだがね」

大きな家に一人で暮らしていてはさぞ寂しいだろうなと、私は思いました。

「これだけの財を成すには、きっと大勢の人たちのお世話になっているはずですから、遺産の一部を公共団体に寄付したらどうでしょう」

そう提案してみたのです。

すると、にべもなく断られました。

「私が苦労して築いた財産だ。第三者になんか一円だって渡したくない。本当は、できるならば全財産を天国に持っていきたいくらいなんだ」

ああ、なるほどと納得しました。

こんな考え方では人が寄り付くはずがない。実の子供たちも近づかないわけだ。

社会的に成功したり、大金持ちになったり、一見して幸福そうな人でも、その最期を見ると本当に幸福だったのかどうかがわかります。

幸せな死に方をする人こそ、本当に幸福なのだと私は思うのです。

幸運のタネはお金よりも徳

お金は誰しも欲しいですが、では、お金があれば幸福かと言うと、どうもそうではないようです。

お金はたくさん手に入れたのに、少しも幸せになっていない人が本当に多い。

法律相談に来たお金持ちを見ていると、よくわかります。

例えば、こんな依頼者がいらっしゃいました。

依頼者はご夫婦で、建設業の会社を興されました。順調に業績が伸び、下請け会社が一〇〇社近くもある大きな会社に成長したのです。

ところが、経理部長が横領をしたと言って、うちの事務所にご相談に来られました。事情を伺っているうち、だんだんとわかってきたのは、このご夫婦はお金持ちにはなったけれど、あまり幸福にはなっていないということでした。

まず、肝心の横領の件です。経理部長は会社を辞めて独立していました。そのとき、元の勤め先のお金を横領しただけでなく、得意先まで横取りしていった。

なぜ、そんなことをしたのかと思ったのですが、次第にわかってきました。経営者であるご夫婦に人望が全くなかったからです。

会社が大きくなってお金持ちになってからは、ご夫婦揃って、評判を落としていました。旦那さんは高級クラブに入り浸って愛人まで作り、奥さんは貴金属やブランド品の洋服を買い集めたりと贅沢三昧《ぜいたくざんまい》になりました。

夫婦仲も悪く、ケンカが絶えなかったようです。

経営者がそんな具合ですから、社員も嫌気がさし、社長の真似をしてやろうと考えても無理はない。経理部長がお金も得意先も盗んだというわけでした。

このご夫婦はお金は手に入れたけれど、従業員の信頼は失い、夫婦の絆も失いかけて、不幸へと陥る寸前になっていたのです。

お金だけで幸せにはなれません。

幸福を手に入れるには徳が必要なようです。

少し考えればわかりますが、自分の力だけで財産を築くことはできません。たまたま、事業で成功したとしても、それは、自分だけの力ではなく、従業員やお得意先など、たくさんの人々の協力があったからです。

そのことを忘れてしまえば、人々の気持ちは離れていきます。すると、今度は逆の力が働いて、お金も失うことになるのです。

大勢の人のおかげで成功したからお金持ちになった。ならば、大勢の人のためになるようお金を使おう。

そう思えるような徳があれば、幸せになれたのです。

弁護士という立場から見ていると、**成功した人が本当に幸せになれるかどうかは、お金よりも徳**だということが、よくわかるのでした。

スーパーの賞味期限

成功している運の良い人には特徴があります。
それは、自分だけの利益よりも、全体のことを優先することです。

運の良い人のやり方をまねすれば、ご自分の運も良くなるかもしれません。実は、私もよく人のまねをします。

私がよくまねをさせていただくお一人が、イエローハットの創業者である鍵山《かぎやま》秀三郎《ひでさぶろう》さんです。

例えば、鍵山さんはスーパーやコンビニなどで食品を買うとき、必ず賞味期限を見て、期限が切れる寸前のものをわざわざ選ぶそうです。

期限切れに近いものほど鮮度が低いですから味が落ちるし、うっかりと冷蔵庫の中で腐らせてしまう危険が高くなります。

普通に考えれば、鍵山さんはわざわざ、損な商品を選んでいるわけです。

なぜそんなことをするのかと不審に思い、私がお尋ねすると、鍵山さんはこうおっしゃるのです。

「賞味期限が過ぎても売れなければ、店はその食品を廃棄処分しなければいけなくなります。そうなればもったいないし、スーパーは損をします。でも、私が期限前に買えば、それを防げますから」

一日でも賞味期限の長い商品を選ぶのが常識でしょう。でも、これは本当に正しいのか、私は考えてみました。

客の立場からすると、賞味期限まで日にちがたくさん残っている食品の方が鮮度がいいし、長い間保存しておけるから得のように思える。

けれど、これは本当に得なのか？

皆が同じことをしたとすると、スーパーはよりたくさんの食品を捨てなければならない。その分、利益が減るので、自社の商品の値段を上げないと経営が成り立たない。値上げすると、客は割高の商品を買うことになる。値上げしないとスーパーは潰れて、客は近所に食品を売る店がなくなり不便になる。

社会の全体を長い目で見ると、客にとっても賞味期限切れ食品が増えるのは損なのです。鍵山さんは、社会全体を考えているから、一見、損なようで実は自分にも得になる買い物の仕方をしていたというわけです。

自分のことだけ考えていると、思わぬ損をしてしまう。

運を失うとは、こういうことのようです。

もっと、全体を見てみれば、思わぬ得をすることもありますし、運が開けてくるのだと、私は思っています。

元気が一番

私は平凡な男で、これといった取り柄はないのですが、元気なあいさつだけは心がけています。

ときどき講演などをするときにも、あいさつの声の大きさによく驚かれますし、銀行の受付などで「西中さん」と呼ばれるときも、「ハイ」と大きな声で答えることにしていて、周囲の皆さんから注目されてしまうこともあります。

実は、この大きな声のあいさつは、少しでも人徳を磨こうという気持ちからやるようになったのです。

私が弁護士として仕事をさせてもらっている数々の会社を見ながら、あることに気づいていました。

それは、伸びている会社には元気があるということです。

私が会社の事業所へ仕事の相談で伺ったとき、皆さんの**声が大きく、元気で明るいと、その後、会社は成長します。**

逆に、**「この会社の人たちは元気がないな」と思っていると、後で不運なことが起こりやすい**のです。例えば、取引先が倒産して危機に陥ったり、経営者が事故にあったりといった運の悪い出来事がよく起こります。

特に重要なのは、経営者の元気です。経営者が元気ならば、従業員の皆さんも元気になりやすいようですし、**経営者の元気が運を呼ぶ**ようなのです。

ところで、倫理法人会という会社経営者の皆さんを中心とした組織があるのですが、この会のメンバーはいつも元気が良い。なにしろ、早朝（六時三〇分）に毎週、会合を開いているほど皆さん元気で、私も参加させてもらううちに元気になってきました。

元気の良いあいさつをしておられるのを見るだけでも気持ち良く、生き生きしているのがわかるのです。

この組織は、社会教育家で思想家の丸山敏雄先生が創始されたもので、倫理を企業経営に生かそうという向上心のある会社経営者の皆さんが中心となっています。現在、法人会員が約六万三〇〇〇社、個人会員が約一六万五〇〇〇人所属していて、会の趣旨には、アサヒビールの名誉顧問だった中條高徳《なかじょうたかのり》氏なども賛同し、応援しておられました。

また、倫理を基底にした成功法則を実践しやすいよう一七の標語と短文にまとめた「万人幸福の栞《しおり》」というものがあるのですが、その内容の幾つかは私の経験則と非常に近いのです。

例えば、その四番には、「人を改めよう変えようとする前に、己を改めよう」とありますが、既にご紹介した浮気を止めるコツと同じ考え方です。また、九番は私の経験則である「ズルは自分に返ってくる」と同じです。

このように、自分の経験と重なる教訓が非常に多くて驚いたのです。

丸山先生は、凡人である私が五〇年近くかけてようやくわかったことを、ずっと広く深く理解しておられた。しかも、世の中に役立てようとしておられた。

私は自然に頭が下がる気持ちになったものです。

ちなみに、倫理法人会はもちろん宗教団体や思想団体でなく、中立な経営者の集まりなのですが、ここに参加するうち平凡な私も多少は人徳が磨かれたような気がしています。

少なくとも、元気は分けてもらっていて、そのおかげか、運が良くなってきたと思うのです。

それと言うのも、どうも、元気は人徳の一つのようで、運を招くと気づいたのです。

会社を創業して五〇%が三年で倒産すると聞きました。その後、五年で八〇%、一〇年で九五%が倒産するそうです。企業の倒産は、従業員の皆さんの生活を根底から崩すのですから非常に罪が重いと思います。

元気は人徳。

どうか、会社経営をしている人は、このことを忘れないでほしいものです。

六つの心を実践できないから争いが起こる

あいさつは人徳を良くするのにとても効果があるようです。

以前の事務所には、人徳を良くするのに大切なあいさつをまとめた「六つの心」というスローガンを掲示してありました。いらっしゃる依頼者の方たちは、「いいことが書いてありますね」と皆さんがおっしゃって、なかには「コピーをいただけませんか」という人もいるほどです。

この「六つの心」とは別名「ロータリー精神」というもので、ご存知の方も多いでしょうが、ご紹介しましょう。

①「おはようございます」という明るい心

②「はい」という素直な心

③「すみません」という反省の心

④「私がします」という積極的な心
⑤「ありがとう」という感謝の心
⑥「おかげさまで」という謙虚な心

この六つの心で日常生活を送っていれば、人徳が磨かれます。そして、人間関係が良くなりますから、争いがなくなります。

そのことを、弁護士事務所に来る人たちはちゃんとわかっているから、「いい言葉」だとおっしゃるのでしょうが、現実に争いが起こって、弁護士に相談に来ているわけですから、実践はできていないのでしょう。頭でわかっていても、実践は別ということです。

心の向上はあいさつから。

幸運のためにも、ぜひ、実践したいものです。

「心は磨けない、目に見えないから」

人間性が運を左右するとしても、どうすれば人間性は良くなるのでしょうか。

改めて考えてみると、これが難しい。私もどうしたらよいかわからなくて、勘違いをしてしまった経験があります。

ある禅寺の座禅に参加したときのことです。和尚さんから尋ねられました。

「ここに来た目的は何ですか」

「心を磨きに来ました」

私は模範解答というつもりで、自信満々に答えました。きっと、「それは良いことだ」と、褒めてもらえると思っていたのです。ところが、和尚さんはこうおっしゃいました。

「心は磨けません。目に見えませんから。まず、目に見える物をしっかりと磨きなさい」

恥ずかしかった。心を磨くなどと言っても、心が何なのかもわかっていなければ、それをどうすれば磨けるかもわかっていないのに、偉そうなことを言ってしまったからです。

それよりも大切なのは、目に見える物を磨くことだと、和尚さんは言われたわけです。

当たり前のことを一生懸命にやることで、自分が磨かれるのだという意味です。

人間性を磨くには、当たり前のことを一生懸命にやればいい。

それ以来、毎日の仕事や、あいさつや掃除などの日常生活を、心を込めてやるようになりました。

目に見えないものは磨けない。

難しいことをするより、当たり前のことをしっかりすることが大切なようです。

第四章の要点

- 運は人徳、すなわち人間性で決まる。
- 稼ぐのが難しい時代でも人間性が良ければ、幸運が舞い込む。
- 社長の人間性が、社員の怒りを鎮めた。
- 経営者の品性は企業の運を左右する。
- 仕事で運を呼ぶには、損得を忘れた方がいい。
- 気持ち良く損得を忘れて働くと、運が良くなる。
- 「気持ち良く」という点に注意してブラック企業を避ける。
- 人を選ぶことより、人を信じることが重要。
- 縁を大切にすると、運が開ける。
- 利益にならないから冷たくしていると、運を落とす。
- 財産よりも、徳こそ遺すべき。
- 幸せな死に方をする人こそ、本当に幸福。
- 運の良い人は自分だけの利益よりも、全体のことを優先する。
- 自分のことだけ考えていると、思わぬ損をしてしまう。

●元気は人徳。
●心の向上はあいさつから。
●心は磨けない、目に見えないから。目に見えるものを、まず磨くこと。

第五章

言葉

人付き合いの基本は言葉

運を運んでくるのは人です。

ですから、人付き合いを良くすることが運を開きます。

第一章でもご紹介しましたが、良い人の周囲には必ず良い人が集まっていますし、悪い人の周りには必ず悪い人が集まっているものです。人付き合いのあり方の違いが、こうした交友関係の違いになり、ひいては、運の良し悪しに影響するようなのです。

そして、人付き合いの始まりとなるのが、言葉です。言葉を使ってコミュニケーションを取ることで、人間関係が築かれていくからです。

では、どんな言葉を使い、どんなコミュニケーションを取れば運が良くなるのでしょうか。実は、人間関係を良くして幸運を導くには、幾つかのコツがあるのです。

まず、話し言葉についてのコツです。

人付き合いを良くし、運を開くのに良い言葉は次の三つ、まず人を思いやる言葉、次に励ます言葉、そして褒める言葉です。

人を思いやる言葉は、人と人との信頼を築きます。励ます言葉は、人の心を明るくします。褒める言葉は、人を積極的にします。

だから、こうした言葉により生まれる人間関係は、運を良くしていくわけです。

次に、コミュニケーションのコツです。五〇年近い弁護士経験に加えて、私には「いのちの電話」の相談員を一〇年以上務めてきた経験があります。

それらの経験から学んだコツは、「相手をまず受け入れること」でした。こちらの意見を押し付けるのではなく、まず、相手を丸ごと受け入れる態度こそ、良いコミュニケーションの基礎となります。

そして、書き言葉のコツもあります。最近ではケータイやスマートフォンの普及によって、メールなどでのやり取りが普通になりました。そのため、次第に少なくなっているのがハガキや手紙による言葉のやり取りです。

けれど、私は運を良くするのならば、ハガキや手紙をもう一度見直した方が良いとお勧めしています。ハガキや手紙を数多く出すこと、辛い悲しい出来事のあった人を気遣うことなどで、運を良くすることができます。

では、言葉と運について、具体的なお話をご紹介していくことにします。

遺産争いを円満解決した弟の一言

人を思いやる言葉には、幸運を呼ぶ力があります。

特に、**本心から人を思いやる言葉には、劇的に運を変える力さえあります。**

これまでに、そうした実例を何度も経験してきました。なかでも、最も忘れがたいケースをご紹介しましょう。

今から三十数年前の大阪で、親の残してくれた遺産を巡って、兄と弟が争い、なかなか解決しない案件がありました。

その家では父親がスーパーを経営していて、兄は専務、弟は常務でした。社長だった父親が亡くなった後、スーパーの経営は兄が引き継ぎ、弟は会社を離れて独立し、別のスーパーを作っていました。

遺産相続で問題となったのは、大阪市内の五〇〇坪の土地です。時価にして億を超える遺産で、兄も弟も双方が「自分のものだ」と主張して譲らなかったのです。

相談された私は、もちろん、円満な和解を勧めました。権利から言えば半々ですから、売却するなり、一方が土地をもらって時価の半額を他方に払うなりするように説得したのですが、兄も弟も聞き入れません。

そのまま、裁判所の調停に持ち込まれました。けれど、それでも双方の主張は変わらず、やむなく調停は打ち切り、審判へと移行することになってしまいました。

私から見て、これは最悪のケースでした。審判となれば、双方が互いに相手を攻撃します。これでは、たとえ自分の主張が通って遺産を受け取っても、心の中に大きなしこりが残り、相手を許せない気持ちになってしまう。負けた方はもちろん、勝った方さえ相手を憎むようになるのです。

親を亡くした不運に加えて、兄弟を憎まなければならない悪い巡り合わせ。

運を悪くする道をまっしぐらです。

兄弟が互いに憎しみ合うなど、亡くなった親にとってはたまらないでしょう。とんでもない親不孝になります。弁護士としては、相談に乗ったのに何の役にも立たなかったという挫折感がありました。子供たちのためにと財産を遺して亡くなった人に、これでは本当に申し訳ないという気持ちでした。

たまらない気持ちで、当事者である兄弟と裁判官とともに、弁護士の私も調停打ち切りを決定する席に臨みました。

ところが、その席で、予想もしないことが起こったのです。急転直下、遺産争いが解決してしまいました。きっかけは、ポツリとつぶやくように言った弟の一言でした。

彼は小さな声で、こう言ったのです。

「僕は兄貴の不利なことなんか、せえへん」

実は、たったこれだけの言葉に、運と不運とを分ける、紙一重の理が隠されていました。

兄を思いやる気持ちを伝えた言葉

「おまえ、今、何と言うた」

兄は弟の言葉を聞きとがめるように言いました。また諍《いさか》いが始まるのかと、私はハラハラしていました。弟は兄を睨《にら》んでこう答えたのです。

「僕はあの土地を貰っても、兄貴の不利になるようなことはせんと言うたんや」

「おまえ、それは本当か。もういっぺん言え」

私はハッとしました。兄の声が震えていたからです。

「兄貴は疑うとるかもしれんけど、僕はあの土地を、ライバルのスーパーに売るやなんてせえへん。そんなこと、一度も考えたことないで」

弟の声も先ほどのようには尖《とが》っていません。むしろ、兄と同様に震え声になっています。

「ほんまか」

言うと、兄は声を詰まらせて言葉が出ません。やがて、声をあげて泣きだしました。弟も号泣しています。

私はようやく、何が起こったのか理解しました。

この遺産相続を巡る争いは、欲によって起こったのではなく、兄弟の間の不信感に原因があったのです。

問題の土地は、兄弟の父が作ったスーパーからあまり離れていない場所にありました。社長だった父親はその土地にスーパーの2号店を作ろうと計画していたのですが、その前に亡くなりました。会社を引き継いだ兄は、志を継いで、その土地にいつか2号店を作りたいと考えていたのです。

ところが弟は、そんな兄の気持ちは知りません。父親の財産を独り占めしようとしているだけだと考えていました。また、まだ独立して間もないので、資金も欲しかったのでしょう。五〇〇坪の土地を売却しようとしたわけです。

すると、兄は弟の真意を疑いました。

（あいつは俺を憎んでいる。だから、あの土地をライバルである他のスーパーに売って、俺の商売の邪魔をしようとしている。俺は親父の店を何とか立派に存続させたいのに、あいつは自分のことしか考えていないに違いない）

父親から引き継いだ商売を守りたいために、兄は強硬に土地を弟に渡すまいとしていたのです。

けれど、弟が意外なことを言ったのです。

「兄貴の不利なことはせえへん」

これで、弟への猜疑心《さいぎしん》が晴れました。兄は嬉しかったに違いありません。だから、大の男が声をあげて泣いたのです。

それを見て、弟も自分の誤解に気づいたのでしょう。兄があの土地にこだわったのが、強欲や自分への嫌がらせなどではなく、父親の商売を守るためだったのだとようやく理解した。それで、弟も号泣したわけです。

互いの誤解を解いた兄弟は訴訟での争いを回避、一気に和解しました。

結果、兄が五〇〇坪の土地を引き継ぐ代わりに、地価の半額に当たるお金を弟に支払うことに決まりました。

こうして、兄弟の仲は良好になり、泉下の父親にも喜んでもらえる結果となりました。この遺産相続では、弁護士として私は何の役にも立てませんでした。この兄弟の幸運をもたらしたのは、あの弟の一言でした。

私のように長い間、弁護士をしていると、様々な争いを見ることになります。弁護士は争いがあるから成り立つ職業ですが、本当はどれも、争わないほうがいい。争って良いことは何もないからです。

争いは不運の道、不幸の入り口です。

それがわかっていて、争いを飯の種にしているのですから、弁護士というのはつくづく罪深い仕事だと思います。

ことに悲しいのが、遺産を巡る争いです。親が亡くなっただけでも悲しいのに、続けて兄弟同士や親戚同士で財産を奪いあうのですから、やりきれない。

私はいつも、遺産相続の問題が起こると、訴訟にはせずに早く和解するように説得することにしているのですが、現実には、うまく収まることばかりではありません。

財産にどうしても目がくらむからか、それとも、兄弟同士は長年の確執が生まれやすいのか、弁護士の話になかなか耳を傾けてくれないケースも、ままあります。

ところが、このケースでは弁護士としての私が無力だったのに、たった一言の「心から人を思いやる言葉」が争いを解決し、依頼人の運を変えてしまったわけです。

言葉は人の運を左右します。

心から人を思いやる言葉は、ときとして、大きく幸運を引き入れてくれるのだと、この出来事は私に教えてくれたのでした。

どうか、人を思いやる言葉を大切にしてください。その一言が、あなたに大きな運を呼んでくれるかもしれませんから。

褒めると運が良くなる

褒める言葉にも、運を良くする効果があります。

法律事務所には会社の社長さんが相談に来ることも多いのですが、「褒め上手」なタイプがほとんどです。

なぜ、褒めるのがうまいと、事業が成功するのか。

経験的に、褒め上手が事業の成功と関係あるとは思っていたのですが、私には長い間、その理由がわかりませんでした。けれど、最近、ひょんなことから、ようやく謎が解けました。

きっかけはカラオケです。実は、私、カラオケが苦手でした。もともと、歌を歌うのがうまいわけではないし、人前で歌うというのは恥ずかしくて、カラオケからはずっと逃げ回っていたのです。

ある会合の後、どうしてもカラオケに付き合わなければいけなくなった。そのときも、歌うのは断っていたのですが、半ば無理やり歌わされてしまった。そのときです。

「西中さん、うまいよ」

お世辞なのはわかっていましたが、それでも嬉しかった。それに、なんだか元気になりました。以来、カラオケで歌えるようになったわけです。

（褒めるというのは、すごい威力やな）

そう改めて感じました。

褒めると人を喜ばす。元気にする。苦手を克服させる。

もし、この威力を社長さんが従業員に使ったら、事業だって成功するでしょう。

どうりで、社長さんには褒め上手が多いわけです。

長年の謎が解けて、私は満足でした。

褒める言葉には、人の心を積極的にする力があります。だからでしょう、事業で成功した人には、褒め上手な人が多いようです。自分の周囲の人々の可能性を引き出すので、事業運を良くする効果があるのです。

それから、褒めるということに注目していて気づいたのですが、社長さんでなくても、人を褒めると良いことがあるようなのです。

まず、褒め上手な人は周囲の人とトラブルを起こしません。揉め事に巻き込まれて、法律事務所に相談に来た人でも、褒め上手な人の場合は裁判にまで発展することは少なく、円満に和解するのです。

逆に、しょっちゅう裁判を起こしている人は、たいていが、褒めるのが下手、というよりも、他人のことを褒めない人です。

争いは不運の素ですから、褒めない人は、不運を招いていることになります。

褒めると運が良くなり、褒めないと不運を招く。

ぜひ、覚えておいてください。

芹沢先生の逸話「町一番の八百屋になれ」

励ましの言葉には、人の心を明るくする力があります。

しかも、その力は長く続くようで、ときとしては何十年も心を支え続け、将来を変えることさえあるのです。

そんな実例をご紹介しましょう。

小説家として有名な芹沢光治良《せりざわこうじろう》先生がまだ若い頃、小学校の教員をしていた時代がありました。

その頃、子供たちに将来の夢を尋ねたそうです。博士になりたい、大臣になりたいという答えがあるかと思えば、昔のことですから「大将になる」と答える子も多かった。

そんななか、一人の子供はこう言ったそうです。

「八百屋《やおや》になる。うちは八百屋だから」

あまりに小さい夢だとクラスの子供たちは笑った。でも、芹沢先生は笑いません。彼の夢を認めて、こうおっしゃいました。

「おお、いいな。町一番の八百屋になれ」

その子は先生の言葉が嬉しかった。大人になっても忘れなかったそうです。そして、本当に町一番の八百屋になりました。

「先生の言葉に励まされたおかげです」

後になって、先生に感謝の言葉を伝えると、「そんなこと言ったかな」と先生は覚えていない様子だったそうです。

この実話からもわかるように、励ましの言葉をかけられると、思わぬ力になることがあります。

言った本人さえ忘れた一言で、誰かの人生が変わることさえあるのです。

では、運の良くなる言葉をもう一度、まとめましょう。

①人を思いやる言葉は、劇的に運を変える。

②褒める言葉は、人を積極的にして事業運を高める。

③励まし言葉は、心を明るくして、その人の生涯の運を高める。

言葉と運とは関係があると、おわかりいただけたでしょうか。

運を良くするには、良い言葉を使うこと。

このコツを、どうか忘れないでください。

黄色い服の事務員

今の世の中、人間関係で困っている人が多いようです。職場でもそうですが、趣味の会やクラブなんかでも、人間関係が悪くなってぎくしゃくしたり、孤立して苦しんだりする人が増えていると感じます。

人間関係を良くするのは、コミュニケーションの問題だと経験的に思います。

そこで、ここからは、コミュニケーションで運を開く方法について、具体的にお話ししていきましょう。

第一にご紹介する**コミュニケーションのコツは、相手を受け入れること**です。

実は、私がこのコツに気づいたのは、ある出来事があったからなのです。

今から四〇年ほど前、私は弁護士として初めて独立して、個人事務所を持ちました。

それから間もない頃、事務員を雇おうというので、応募してくれた数人を面接し、二〇代前半の男性の事務員を雇用しました。その人は、面接のときにはわからなかったのですが、大変に個性的な人だとすぐに判明しました。というのも、出勤初日、派手な黄色の背広を着てきたのです。

黄色といっても原色というわけではありませんが、何しろ派手な色なのは間違いない。

私は、弁護士事務所の事務としては非常識だと思い、

「もうちょっと普通の、おとなしい色の背広に代えてくれんか」

と頼んだのですが、彼はその派手な背広をやめませんでした。再三注意したけれど、やはり改めようとしない彼に、正直なところ、私は腹を立てていました。

非常識な奴だ。どうして言うことを聞かないんだ。

そんな気持ちだったわけです。それで、どうしても服を代えないのなら、辞めさせようかとも考えていたのです。

彼にしてみれば、洋服のことで職を失うのは不本意だろうが、私だって辞めさせるなんて乱暴なことはできればしたくはない。でも、非常識な服装を許していれば、事務所の評判にも関わるかもしれない。

仕方のないことだと、私は思いかけていました。

そんな気持ちを変えてくれたのが、当時、小学校に上がったばかりだった私の長男でした。ある休日のこと、私は、長男が金魚を水槽に入れて自分の部屋に持ち込むのを、見ていました。自分の部屋で飽きもせずに金魚を眺めている幼い息子の様子を見ているうち、ふと気づいたのです。

(きっと、あの事務員にとって黄色い背広は、この子の金魚と同じなんや。金魚も黄色い背広も宝物に違いない。けど、私にはそれがわからんだけかもしれん)

子供にとって金魚は宝物です。だから、どれだけ眺めていても飽きることはないのでしょうが、私にとって金魚はそれほど大切には感じません。

同じように、事務員にとっての黄色い背広は宝物なのに、私にはその大切さがわからない。もしそうならば、「もう着てくるな」と言われても、彼が「ハイ、そうですか」と簡単に引き下がるわけがありません。

むしろ、自分の大切なものを認めてくれないことで、怒りを感じるでしょう。

黄色い背広を着続ける彼の気持ちをようやく理解できたと思い、翌日、私は彼に謝りました。

「その服をやめろと言ってすまなかったね。さぞ腹が立ったろう。その服はきっと、君にとって大切なものなんやね」

すると、彼は嬉しそうに言ったのです。

「先生、わかってくれますか」

その後、彼は、その派手な黄色の背広を仕事に着てくるのを、自主的にやめました。自分にとって大切であっても、仕事には不向きだとわかってくれたようでした。

もともと、事務職としての仕事はよくできる人でしたし、彼はそれ以降、本当によくやってくれ、彼の都合で、四年後に円満に退職しました。

けれども、もし、あのとき私が、彼の黄色い背広を最後まで理解せずに辞めさせていたら、とんでもなく後味の悪いことになっていたでしょう。退職を巡って争いになっていたかもしれません。そうなれば、同じ四年間がもう少しイライラとした不幸な時間になっていたに違いありません。

同じ時間を幸福に過ごせたことだけでも、彼の黄色い背広を認めてよかったと思っています。

コミュニケーションは相手を受け入れることで良くなる

何が大切なものかは、人によって違います。もし、自分にとって価値のないものだったとしても、別の人には大変な価値のあるものかもしれないわけです。

それなのに、「くだらないもの」だと決めつけてしまったら、もう、その人は心を閉ざしてしまいます。

そして、互いに心を開かない者同士の間に、争いが起きやすくなると思うのです。

コミュニケーションをとるには、まず、相手のことを受け入れる気持ちが必要。

あの黄色い背広の事務員は、この大切なことを私に教えてくれました。

弁護士という仕事は、依頼者との人間関係が全てです。だから、職業柄、人間関係の作り方には長い間知恵を絞ってきたつもりです。

そして、簡単に人間関係を良くするコツを見つけました。それが、

「丸ごと相手を受け入れること」

だったわけです。

黄色い背広の彼の場合も同じだったのですが、結局、コミュニケーションを良くしてくれるのは、相手のことをまず受け入れてしまうことだと思うのです。

彼の場合、私が黄色の背広を嫌だからやめさせようとしました。けれど、「着るのをやめろ」といくら言っても効果はなかった。それどころか、人間関係が悪化して、事務所を辞めさせようかとさえ思うところまで行きました。

ところが、「黄色い背広は彼の大切なもの」と認めてしまったとたん、一気に人間関係が良くなりました。そして、やがて彼は、黄色い背広を事務所に着てこなくなったのです。

北風と太陽の話と同じことです。

旅人のコートを脱がすのに、北風をいくら吹き付けてもダメで、むしろ太陽が旅人を温めてあげたときにうまくいく。

同じように、相手の良し悪しを判断するのではなく、まずは、そのままの存在を認めることが人間関係を良くします。まず、相手のことをそのまま認めると、そこからコミュニケーションが良い循環に入るからです。

これは何も、相手と同じ気持ちになれということではありません。「黄色い背広を宝物だと思え」ということではないのです。

「私には、黄色い背広の良さや大切さはわからない。けれど、彼にとっては宝物なのだから、尊重しよう」

ということなのです。

世の中には、様々な人がいます。ちょっと個性的な服装や見た目を誇りにしている人は珍しくありません。「非常識だ」とか、「みっともない」とか、頭から否定したり馬鹿にしたりしてしまえば、必ず反発されます。

自分の大切なものを馬鹿にされて喜ぶ人はいません。

コミュニケーションは相手を丸ごと認めるところから始まる。

このことが、長年、弁護士をしてきた私にとっては、人間関係を良くする基本でありコツなのです。

「いのちの電話」のコツは「ただ話を聴くこと」

私は「いのちの電話」の相談員を一〇年ほど務めていたのですが、おかげで、コミュニケーションのコツを幾つか学ばせてもらいました。

自殺寸前にまで追い詰められた人が、藁《わら》にもすがるような気持ちで相談の電話をかけてくるのが「いのちの電話」ですから、いい加減な気持ちでは相談員はできません。けれど、あまり熱心に相談しすぎるのも逆効果になるので、あまり肩に力を入れないで、上手に相談に乗るにはコツがいります。

そのコツの一つが、「なるべく黙って、相手の話を聴くこと」です。私が、良い相談役を務めるコツをつかんだのは、とても意外なきっかけでした。

実は、昼間の仕事でくたくたに疲労していたことで、かえって良い結果になったことがあったのです。

その夜、私の担当時間に電話をかけてきた人たちは、どなたも「ありがとうございました。ほんとうによくわかりました」と満足げに電話を終えていました。

正直に白状すると、その日、私は電話で、ほとんど何も言っていなかったのです。体も頭も疲れ切っていたので、つい、「ああ、そうですか」とか「そうなの」とか、ただ相槌《あいづち》を打っていただけでした。

ところが、これが良かったようなのです。最初、私には不思議でしょうがありませんでしたが、何日か考えているうちに悟りました。

「そうか、ただ話を聴いてあげることが大事だったんだ」

深刻な身の上相談を持ち掛けられると、つい、一生懸命に考えてしまいます。それで、少しでも役に立つ解決法やアドバイスをしたいと思ってしまうのです。

でも、相談者が求めているのはそれではなかったのです。

話を聴いてほしい。

これが、悩んでいる人にとって最も切実なことなのでした。

私は疲労でろくなことが言えない状態だったため、かえって、相談者の話を十分に聴いてあげる結果になったわけです。

相手の話を聴いてあげるということは、「丸ごと相手を受け入れる」ということを意味しています。

ただ話を聴く。

これが、人間関係を良くする、何よりのコツなのだと、「いのちの電話」で私は教えてもらいました。

白いボールが来たら、そのまま白いボールを投げ返す

人間関係はコミュニケーションで良くなります。私たちのような弁護士だけでなく、コ

ミュニケーションが人間関係を左右する職業や場面はいくらでもあると思うのです。

例えば、ホステスさんなどは、コミュニケーションが仕事のほとんどだと言っていいくらい重要でしょう。コミュニケーションがうまくいけば、お客さんがまたお店に来てくれるからです。

事実、大阪の代表的な繁華街の一つ、北新地《きたしんち》で、かつてナンバーワンと言われたあるホステスさんなどは、顔やスタイルは普通でしたが、コミュニケーションが抜群にうまかった。何度か、仕事のお付き合いで北新地に行ったときに、その人の仕事ぶりを見せてもらう機会があったのですが、お客さんの話を実によく聴いているのに気づいたものです。

あの「いのちの電話」と同じで、ホステスさん自身は相槌を打つだけで、もっぱらお客さんの話の聞き役になっていました。

やはり、「丸ごと相手を受け入れる」ことが、コミュニケーションのコツだと、このホステスさんを見て確信したものです。

では、どうやれば、丸ごと相手を受け入れられるのでしょうか。具体的な方法を一つお教えしましょう。

それは、**「オウム返し」をすること**です。

相手が、「あいにくと雨でなあ」と言ったら、こちらも「雨やったんか」と受ける。「困ってしもた」と言えば、「困ったな」と返す。

ちょうど、野球のキャッチボールと同じです。白いボールを受けたら、白いボールをそのまま投げ返す。そのまま、なんの問題もなくボールが何度も行ったり来たりします。

ところが、白いボールが来たのに、バットを投げつけたらどうなるでしょうか。

「何するねん。危ないやないか！」

とケンカになるに決まっています。

白いボールが来たら白いボールを返す、キャッチボールと同じ。

コミュニケーションのコツはたったこれだけ、実に簡単なことだと思うのです。

ところが、年齢が重なり、世間ずれしてくると、案外とこれが難しい。実は、「いのちの電話」の相談員として、弁護士や教師はあまり採用にならないようです。というのも、そうした仕事の人は、どうしても、上からものを教えようとしがちだからです。

むしろ、二〇代の学生さんの方がいい。世間での経験が少ないから、一生懸命、相手の話を聴こうとするからです。私が「いのちの電話」の相談員になったのは五〇歳頃だったのですが、これは珍しいケースだったそうです。

世間ずれするほど、コミュニケーションがぎくしゃくする。

夫婦でもそうではないでしょうか。相手の話をろくに聞かずに、返事の時に余計な言葉を加えてしまうから、コミュニケーションが台無しになるのです。

「今日花見に行ってきたの」と奥さんが言っているのに、「ヒマでええなあ」などと、余計なことを言うからケンカになる。

さもなければ、「それがどうした。ワシは疲れとるんや」と言ってしまって、会話がそれっきりになる。気が付けば、夫婦の会話がほとんどない、寂しい関係になっているわけです。

こんな具合に、コミュニケーションが失敗するのは、奥さんの言葉をそのまま受け入れずに、余計な言葉を返すからだと思うのです。

そうではなく、「ほうか。花見に行ったんか」と、相手の言葉をそのまま返せばいいのだと思うのです。

そうすれば、「きれいやったで」と話が続く。「きれいやったか」とまたそのまま返せば、「そんでな、偶然、○○さんに会うたのよ」などと、奥さんは気持ちよく話を続けていけるわけです。旦那さんはそれを聞きながら、奥さんの一日の様子がわかるし、気持ちも伝わる。そうこうしているうち、気持ちが自然に通じるわけです。

「花見」と言われたら、「花見」と返す。「きれい」と言われたら、「きれい」と返す。

コミュニケーションのコツは、受けたボールをそのまま返すこと。

私はそう思うのです。

信じてあげる

一般の人が広く参加している「大阪PHP友の会」という会合があり、私は会長をさせてもらっているのですが、この会には経営者だけの会合もあります。

その会合には二〇代から四〇代までの若い経営者が多いのですが、なかなか活発に活動を行っています。

最近ではセミナーでも社会活動でも、若い人の参加が少なく、活発なところは珍しいとあちこちで困っているご時世です。なぜ、この会合はうまくいっているのかと、私は不思議でしたが、その理由はある女性の存在にありました。

その女性はこの会合の会長・村上明美さんなのですが、彼女の態度を見ていると、非常におおらかなのに気づいたのです。

若い人の提案には、無茶なものや勘違いによるものも多いのですが、会長さんは全て認めています。実現不能と思われる提案も、まず、「ええね」と言ってあげている。

これが会を活性化させている。

若い人には経験が少なく、自信があまりありません。そんな人の前で、経験者が「それは無理。現実を知らんから、そんなことを言うとるのや」と頭ごなしに否定してしまえば、委縮して、意見もろくに言えなくなるのは当然でしょう。

それよりは、「ええよ」と認めて、まずやらせてあげる。四苦八苦しているうち、本当に無理なら自分で気づきますし、意外と実現してしまう場合もある。

自然と良い勉強になるし、新しい道が開けるチャンスも増えるというわけです。

信じてあげる。

これが相手の運を良くするコツの一つです。そして、身近の人の運が良くなれば、自分自身の運も良くなります。

若い人の元気がなくなっている時代です。コミュニケーションを良くして運を開くとき、ぜひ、このコツを覚えておいてほしいものです。

二万枚のハガキ

話し言葉のコツ、コミュニケーションのコツとご紹介してきましたが、ここからは書き言葉、つまりハガキや手紙での言葉についてお話ししていきます。

現代ではメールなどの通信に押されて、ハガキや手紙を出す人が減っているようですが、非常にもったいない。

なぜなら、**ハガキや手紙の書き言葉には、運を良くする効果がある**からです。

実は、私は年間、二万枚ほどのハガキを出しています。

嘘でも誇張でもなく、本当に毎年、二万枚以上のハガキを出します。出会った人に必ずハガキを出すようにしていると、このくらいの数になるのです。

二万枚というと大変だとお思いかもしれませんが、慣れてしまえばそんなことはありません。今では年賀状と暑中見舞いだけで、それぞれ毎年、一万枚ずつ書いています。

なぜ、こんなことをするのかというと、ハガキは心と心をつなぐと私は考えているからです。事実、ハガキをたくさん出すようになってから、私の仕事の範囲はどんどんと広がっていきました。

心がつながれば、結果として、人が運を持ってきてくれます。

ハガキは心をつなぐ。だから、開運の方法となるのです。

ことに、相手の方が悲しいときやつらいときには、ハガキの言葉を通じて元気づけたり気遣ったりすることが、重要なのではないでしょうか。

私のところへは喪中のハガキが年に三〇〇枚ほど来ますが、必ず、お悔やみを手紙やハガキでお出ししています。すると、気持ちが通じるようで、ご遺族からお礼の電話や手紙をいただくことも珍しくありません。

「悲しんでいたとき、励ましのお便りをいただき、元気になりました」

と言っていただくと、私としても書いてよかったと思います。なかには、「西中さんを一生忘れません」とまでおっしゃる方もおられました。

やはり、大事な人を亡くされた悲しみのときに、誰かから気遣ってもらうと、弱っていた心が救われるのだと思うのです。

つらい人に思いやりのハガキを出す。

これが、第一のコツです。

ちなみに、ハガキは手書きに限るというのが、私の持論です。私は普段からパソコンを使いません。古い人間ですから、今どきのデジタルなやり方よりもアナログの方になじんでいます。ですから、手紙やハガキも手書きというわけです。

手書きは面倒なようですが、良い面もあります。

なによりも、手紙やハガキで運を良くするのなら、パソコンよりも手書きの方が良いようなのです。不思議なもので、同じ内容の文書でも、パソコンで打ち込んだ文字ではあまり心が動かないのに、手書きの文書で読むと妙に感動することがあります。

実際、ハガキについては、パソコンよりも手書きの方が、受け取った人はじっくりと読んでくれるようです。

運を良くするなら手書き。

これが第二のコツなのです。どうか、覚えておいてください。

ハガキを出す数で運が左右される

弁護士のところには、様々な争い事を抱えた人が来ます。倒産処理、遺産相続争い、離婚などの問題で、誰かと争っている人が来るわけです。こうした人々は、幸福とは言えない状態です。

その一方で、争い事ではなく、別の法律相談で来る相談者もいます。なかには、会社経営者もいらっしゃいますし、まずまず幸福な状態の人々が多いようです。

同じ人間なのに、幸福な人と不幸な人はどこが違うのでしょうか。

ハガキ道の大家である坂田道信さんは、こうおっしゃっています。

「人生の幸不幸は友達を何人持っているかで決まり、友達の数を推し量るバロメーターが年賀状の数だ」

私は事務所に来る相談者が、どのくらいハガキを出しているか、調べたことがあります。

すると、争い事を抱えた人々はそうでない人々に比べて、ハガキを出す数が少ないことがわかりました。

また、社長の出す年賀状の数が多いほど会社経営は安定していて、少ないほど会社はトラブルを抱えやすい傾向があるようです。年賀状が極端に少ない場合、ほとんどが数年で倒産していることもわかりました。

やはり、ハガキを出す数は、運の良し悪しと関係があるようです。

坂田さんはこうもおっしゃっています。

「人間の実力は、出すハガキの数」

実際、ハガキは運を引き寄せてくれます。

先日、私のところへ仕事の依頼をしてくれた方は、二〇年も前に私が出した年賀状をお持ちでした。「年賀状の文句に感動しましたよ」と、私が使わせてもらった相田みつをさんの詩の一節を見せてくれました。

つまり、この年賀状があったから、私のことを思い出してくださったわけです。

人の実力は、どれだけの人と心がつながっているのかで、決まるのかもしれません。ハガキは心をつなげてくれるから、運のバロメーターになるのでしょう。

商売繁盛を願うなら、ハガキをたくさん出す。

これが第三のコツです。ぜひ、試してみてください。

では、ハガキや手紙のコツをまとめましょう。

①**つらい人に思いやりのハガキを出す。**

②**運を良くするなら手書き。**

③**商売繁盛を願うなら数多く出す。**

これらのコツを実行して、ハガキや手紙で開運を叶えてほしいものです。一枚のハガキが、あなたの開運のカギになるかもしれませんから。

第五章の要点

- 運を運んでくるのは人。
- 人を思いやる言葉には幸運を呼ぶ力がある。
- 本心から人を思いやる言葉には劇的に運を変える力がある。
- 言葉は人の運を左右する。

●褒める言葉は運を良くする。
●褒めないと不運を招く。
●励ましの言葉には人の心を明るくする力がある。
●運を良くするには良い言葉を使うこと。
●丸ごと相手を受け入れることがコミュニケーションの基礎。
●丸ごと受け入れるコツは、ただ話を聴くこと。
●「オウム返し」をして、白いボールを返すことが重要。
●信じてあげることで若手は元気になる。
●ハガキは心をつなぐから、開運の方法となる。
●つらい人に思いやりのハガキを出す。
●運を良くするなら手書き。
●商売繁盛を願うなら数多く出す。

第六章

善

善行を積んで貸方の人生になると、運が良くなる

運を良くするには、善いことを積み上げると良いようです。

ただ、善いことを積み上げるのは、なかなか難しい。

例えば、サラリーマンとして苦労して働いて、世の中の役に立つことは善いことですが、給料をもらっていますから、差し引きゼロです。善いことを積み上げたことにはなりません。学者も世の中を発展させるような貴重な発見を、苦労して成し遂げます。これも大変に立派な善いことですが、それによって学位を得たり地位を得たりしますし、やはり、報酬はもらっていますから、差し引きはゼロです。

事業家も同じです。命がけの努力をしますが、世の中の役に立つほどの会社を育てたときには、大きな財産を得ていますから、やっぱり差し引きはゼロで、善いことを積み上げていることにはならないのです。

考えてみると、人間は生きていくうちに善いことを積み上げていくとしても、一方で大勢の人たちから恩を受けていることに気づきます。

これは差し引きゼロというよりは、むしろマイナス、つまり善いことを借りている状態です。

運を良くするには、善いことを積み上げればいい。

そうわかっていても、なかなか難しいわけです。

哲学者・教育者として有名な森信三先生の教えに、私は共感しています。森先生の著書『修身《しゅうしん》教授録』にこんな言葉があります。

「人の一倍半働いて、しかも報酬は普通の人の二割減くらいで満足しようという基準を打ち立てること」

この考え方は、労を少なくしていかに得をするかという現代社会の常識とは逆です。けれど、ここにこそ、本当の意味の善行があるのだと思います。

同じ考え方に、「天の蔵」というものがあります。

一〇〇働いて八〇の報酬を求め、後の二〇は他の人たちに贈る。そうすると、この二〇を天が見ていて、天にある蔵に貯金される。天の蔵の貯金が多いほど天は喜び、その人間の味方となってくれる。

多く働いて少なく受け取ると、他の人に感謝されるだけでなく、運まで良くなるという考え方です。ここで言う「天」は、「宇宙」や「神さま」と言い換えてもいいでしょう。

このように、毎日積極的に善いことをしようと心がけ、善いことを積み上げて、運の良い人生にしていきたいものです。

また、善を積むことについて、こんな話があるそうです。

昔、雲谷《うんこく》禅師という方が、袁了凡《えんりょうぼん》におっしゃいました。

「我々の行うどんな小さなことも、全て宇宙にその通りに記録される。そして、善いことには善い報いを、悪いことには悪い報いを受けることになる。運命はその人の善悪次第でどうにでもなる。一切の幸福を生む源泉は自分の心にある。

善事陰徳《ぜんじいんとく》を積めば、『易経《えききょう》』という書物に『善を積む家には必ず余慶《よけい》あり』と書かれているように、必ず運命が改まる。

だから、まず三千個の善事を目指せ」

袁了凡は言われた通り、三千を超える善事を行ったところ、超難関である進士という試験に合格し、良いことが次々と訪れたそうです。

これは四〇〇年以上前の話ですが、今の私たちにとっても教訓になると思うのです。

人の役に立つと、神さまに好かれ運が良くなる

不幸を望む人はいないでしょう。運を良くしたいというのは誰しも願うところです。

でも、どうすれば運は良くなるのでしょうか。

私の経験では、どうやら、普段の行いと運とは関係があるようなのです。というのも、運の良い人の態度には共通したところがあるからです。

運が良い人は、「人の役に立つ」「神さまに好かれる」ことをしている。

共通点とはこれです。

事業で成功した人のなかで、「あの人はいつも運がいいな」と私が思っている方がおられます。その方に勧められて、私がモラロジーの合宿に参加したときのことです。

私は、朝食の食事当番になりました。他の人よりも二時間も早く起き、食事の準備をするのですが、当初はなぜ自分だけが早起きしなくてはならないのだと、不満に感じていました。

ところが、合宿中の講義で、人の役に立つことの意味を教わると、気持ちが変わったのです。翌朝からは、二時間の早起きが苦ではなくなっていて、むしろ喜んで食事当番を務めていたのです。

まず、人の役に立とうと思います。すると、嫌だったことが嫌でなくなり、ストレスが激減するのです。喜んで働くので効率が良くなる。周囲の人たちに喜ばれて、ますます自分も嬉しくなり、さらに役に立ちたくなるのです。

「人の役に立つ」と思うと、こうした好循環が始まることを経験させてもらったわけです。これなら、自分の仕事がうまくいくだけでなく、周りの協力も得られるはずです。

人の役に立つと、神さまに好かれて運が良くなる。

どうか覚えておいてください。

下坐行

前章でも述べたように私は「大阪ＰＨＰ友の会」の会長をしているのですが、例会の始まる前に、会場近くの道路でゴミ拾いをしています。

距離にすると約一㎞ほどの道に落ちているゴミを拾っていて気がついたのは、**ゴミはい**

つも同じ場所に捨てられるものだということです。

　まず、誰か一人がゴミを捨てます。ゴミが捨てられているので、別の人も捨ててもいいのだと思ってしまい、また捨てられます。そうして、どんどんと同じ場所にゴミが増えていくわけです。

　もし、街のゴミを減らしたければ、早くゴミを拾ってしまうことです。ゴミが落ちていれば、そこがゴミを捨てやすい場所になってしまいますが、最初からゴミのない場所には誰しもゴミを捨てにくくなります。

　ニューヨークでは、ゴミやたばこの吸い殻を拾って街をきれいにしたところ、殺人などの重大な犯罪が減少したそうです。

嫌なことを減らしたいのなら、最初の一つを起こさないこと。

　これがコツのようです。

　私がゴミを拾うようになってから、道路にはゴミが減りました。やはり、早めに拾うと効果があります。

　そもそも、私がゴミを拾うのは、**下坐行**《げざぎょう》のためです。

　下坐行とは、徳を磨くために、わざわざ自分を低い場所に置く修行のことです。本来の自分がやる必要のない、人の嫌がることをすることで、様々なことが身に付きます。

まず、今まで人の嫌がることをしていた人の苦労がわかります。
次に、その人への感謝の気持ちが起こります。
そして、傲慢な気持ちが消えて、自然と謙虚になります。
こうして、下坐行により、人格が磨かれていくわけです。

私がゴミを拾うのも、人格を少しでも磨きたいという気持ちからでした。

ゴミを好きな人はいません。好んで拾う人もいないわけです。でも、皆が嫌がることでも、誰かがやらないと汚れたままです。

誰かがやるのを待つのではなく、自分がやったらいい。実際に、やれば、色々とわかることもあります。

私もゴミを拾ってみて、ようやくわかりました。「今まで、私の知らない誰かがやってくれていたんだな」と。自分でゴミを拾うのは、これまでやってくれた人たちへの恩返しでしかありません。

ゴミを拾い終われば、道路がきれいになっていて、自分の気持ちもスッキリします。ますます、自分のためにゴミを拾ったのだとよくわかるようになります。

創業者が亡くなっても経営がうまくいっている理由

私はエートス法律事務所に所属しています。この事務所を設立したのは吉井昭《あきら》弁護士なのですが、私は吉井先生と知り合い、先生の事務所に誘っていただきました。

エートス法律事務所の「エートス」とはギリシャ語で「倫理」という意味だそうです。もっとも私は、依頼者にはこう説明しています。

「皆さんにええトス、良いトスを上げるから、エートスです」

ダジャレの方がわかってもらえるかなと思って、こう言っているのですが、そこに込めている気持ちは吉井先生と同じつもりです。

さて、エートス法律事務所は、吉井先生の利他の精神で運営されているのですが、残念なことに、吉井先生は二〇一四年に亡くなりました。

法律事務所というのは、創業者が亡くなると、経営はうまくいかなくなる例が多いようです。「エートスもいつまでもつかな」などと噂されていたのですが、あれから二年以上が経過した現在も、事務所の経営は順調です。

それというのも、吉井先生がお亡くなりになった今も、先生の残された利他の精神は経営にきちんと生かされているからだと思うのです。

その、最もわかりやすい例が、事務所の入っているビルの一階にある無料開放スペース、「エートスステーション」です。大阪の一等地の大通りに面した約四〇坪の部屋をエートス法律事務所が借り上げて、不特定の人に無料でお使いいただく制度です。

これは、吉井先生の発案で始めたことなのです。**イベントスペースを無料で開放することで、少しでも社会のお役に立とうという目的です。**もう、始めてから五年ほどが経ちますから、単純に借り上げにかかった費用だけでも、数千万円になります。

この制度には、エートス法律事務所は損得だけを目的に存在しているのではないという吉井先生の姿勢が表れているのです。

私はこうした精神に共感して、エートス法律事務所に入れていただいたのですが、この無料スペースの運営に微力ながら協力するという気持ちとともに、自分の下坐行のつもりで、毎日室内の掃除をさせてもらっています。

吉井先生亡き後も、エートスの精神が変わるということはなく続いていて、無料スペースも同様に開放を続けているのですが、このことが、結果的には事務所の経営にも良い影響を与えている気がします。

「そうか、無料開放はまだ続いているんだな。吉井弁護士が亡くなっても、事務所の方針は変わっていないらしい」

皆さんにわかっていただく効果があるようだからです。

「わざわざ賃料を払ってまで部屋を借りて、一般に無料で開放するなんて、社会に貢献したいというのは言葉だけじゃないんだな。こんな法律事務所なら信用できる」

意図したわけではありませんが、このように感じていただくことで、一種の広告効果もあるようです。

このように、吉井先生が亡くなっても、先生の残してくださった精神のおかげで、エートス法律事務所は順調に経営を続けているのです。

浮気の止め方を教える変な弁護士

私はどうやら弁護士としては変らしく、ときどき「不思議な弁護士ですね」と言われます。言われてみると、確かに、一般的な弁護士の仕事とは違うことをしているなと気づきました。

例えば、私のところにはよく、「浮気をやめさせてほしい」という相談が来るのです。

もちろん、離婚の相談なら弁護士の仕事です。けれど、私のところにいらっしゃるのは、こんなご相談です。

「主人が浮気をして困ってるんです。離婚はしたくないので、何とかやめさせる方法はありませんか」

私はご相談に見えた方に、「ふんふん」と相槌《あいづち》を打ちながら話を聞きます。当たり前になってしまっていて、自分でも気づいていなかったのですが、考えてみれば、弁護士の仕事としてはかなり変です。

なぜなら、この人は「離婚はしたくない」と言っているからです。

離婚しないのなら、離婚訴訟も損害賠償請求も関係ありませんし、弁護士の出る幕はないのです。本来、弁護士の仕事とは、法律問題の解決なのですから。

それなのに、「浮気をやめさせて」という依頼者が来て、「それなら……」と相談に乗るのですから、変な弁護士だと我ながら認めるしかありません。浮気の対処は、法律相談ではなく人生相談のはずで、弁護士の守備範囲ではないのですが、いつの間にか、こうなっていました。

「西中さんやったら、何とかしてくれると思って」

浮気の相談に見える方には、こうおっしゃる人もいます。依頼に来る人にとって、私は一種の何でも屋なのでしょう。

もっとも、私のところにも、最初の頃は、夫婦間のトラブルが持ち込まれるときは、もっぱら離婚の問題として、相談が来ていたのです。

旦那さんが浮気をしているらしい。場合によっては離婚を考えている。

そういう相談です。すると、普通の弁護士の仕事としては、こんな具合に進みます。

まず浮気をしているかどうかを確かめる。浮気なら証拠をつかむ。

ここで警告書を出す場合もあります。

「あなたの浮気はわかっている。ここにこんな証拠がある。今すぐ浮気をやめたほうがいい。さもないと、損害賠償を払うことになる」

警告を出して、浮気がそれでも止まらなければ、離婚を求め、旦那さんが拒《こば》むようなら離婚訴訟まで進める。

これが一般的な弁護士の仕事です。

けれど私は、別のことをしてしまうのです。

離婚したいという奥さんが来ると、こう言います。

「離婚してもいいことはないですよ。その前に、旦那さんの浮気を止めたほうがいい」

すると、相談に来た人も、

「そんな方法があるんなら、そのほうがいいです」

と乗り気になる場合が多いのです。

こんなことを繰り返していたので、「西中さんなら、何とかしてくれる」と、浮気を止める人生相談に来る人が当たり前になったようです。

「わざわざ、金にならない方へ話を持っていくなんて、あんたは変わった弁護士やな」

と、よく同業の弁護士に言われます。

確かに、離婚訴訟や慰謝料請求などの問題になると弁護士の報酬が出ますが、離婚しなければ全く報酬はありません。

「夫婦仲が円満になって、丸く収まるのなら、それでええか」

そう思って、人生相談に乗っているのです。

離婚は不幸の入り口になることが多いようです。

訴訟になれば、長年、一緒に暮らしてきた人同士が、互いを攻撃しなじりあうのですから、気持ちがいいはずがありません。夫婦として暮らしてきたあの年月はなんだったのかと、空《むな》しくなり、心に大きな傷を残す結果になります。

それに、私の経験では、離婚も一種の争いで、争いの例に漏れず、やはり運を悪くするケースが多い。

だから私は、離婚したいという依頼者が来たら、まず、思いとどまるようにお勧めすることにしているのです。

お金にはならなくとも、**争いを減らして、少しでも幸せのお役に立てるのなら、こんなに良いことはない**のですから、私は満足です。

売れない画家さんを喜ばせたい

私は絵をたくさん持っています。

エートス法律事務所に所属するようになって、昔の事務所は物置代わりに使っているのですが、そこに多くの絵画があります。

と言っても私は、別に絵のコレクションを趣味にしているわけではありません。もちろん、絵を集めて、いつか値上がりするのを期待しているというのでもありません。正直なところ、絵が特別に好きなわけでもなければ、絵のこともよくわからないのです。

なぜ、こんなことになったのか。それは、知り合いから展覧会の招待状がよく届くからです。招待状を貰えば、行かなければ申し訳がない。それで出かけるのですが、なかには、よく知らない画家さんの個展に出かけることもあります。

世間的に無名の人の場合、個展に掛けてあるたくさんの絵はほとんど売れていません。私が出かけるのはだいたい、個展の最終日なのですが、売れたことを示す赤い印のある絵がほとんどなかったりすると、私は寂しい気持ちになるのです。

きっと、その画家さんはもっと寂しいに違いない。

そう思うと、何かした方がいいと感じて、数万円程度の絵を買うことにします。

私はゴルフもしないし、ギャンブルもしません。高級クラブに通う気もないし、道楽は何もない人間ですから、多少のお金の余裕があります。

そのお金で、**誰かに喜んでもらえるのなら、それもいいかなと思う**のです。

個展で一〇点も売れているようなら絵が一つくらい売れても変わらないでしょうが、一点か二点しか売れてないときには、たった一つでも私が買えば、きっと嬉しいに違いないと思うのです。

人に喜んでもらうことをするというのが、私のポリシーの一つです。絵が趣味というわけではない私が絵を買うのも、喜んでもらうのが目的です。

私には絵はわかりませんが、世の中には、絵を見ることで心を慰められる人が大勢いらっしゃるようです。

もし、私が絵を買った画家さんが、それで元気になり、良い絵を描けたなら、きっとその絵で大勢の人々が心を慰められたり励まされたりするはずです。

自分に縁のある人を喜ばせる。

昔、親鸞聖人《しんらんしょうにん》がそうおっしゃっていたそうですが、なるほど、その通りだと感じます。

実は、私のこうした考えは、鍵山秀三郎《かぎやまひでさぶろう》さんのマネなのです。

鍵山さんは、タクシーに乗ると釣銭は受け取らないというお話をされたことがあります。

「なぜ受け取らないんです。運転手さんに感謝してですか?」

すると、鍵山さんはにこりと笑って首を振ります。

「そうじゃないんですよ」

そして、ご自身の気持ちを説明してくれました。

お客が釣銭を受け取らずに、「取っておいてください」と言えば、運転手さんは気分が良くなる。気分が良くなれば、運転も安全になるし事故も減る。次のお客さんへの応対も良くなるからトラブルが減るし、次のお客さんが喜ぶので運転手さんはますます気分が良くなる。

こうして、タクシーの運転手さんも、それに乗る何人もいるお客さんも、皆が気分良くなるし、事故で不幸になる人も出にくくなる。

「だから、釣銭を受け取らないんですよ」

なるほどと思い、私もタクシーの釣銭は受け取らないようになりました。

そして、同じような考え方で、絵も買うようになったのです。

誰かを喜ばせれば、回り回って、世の中に大きく役に立つ。

これもまた、運を良くする方法の一つだと私は思っているのです。

善の循環

ある人が朝、早起きして、自宅の周辺のゴミ掃除をするようになった。すると、近所の人もゴミ拾いをするようになった。しばらくすると、その町内の道にはゴミが一つも落ちていないようになっていた。初めにゴミ掃除をした人も、毎日、気持ちよく暮らしている。

これが**善の循環**です。

小さな良いことを一つすると、どんどんと周りに広がって、自分自身も良いことをしてもらっていることに気づく。

このような形で、**自分の運が開けることはよくある**ようです。

例えば、先ほどからご紹介してきた、鍵山秀三郎さんのタクシーの釣銭の話にしろスーパーの賞味期限の話にしろ、やはり善の循環の実例です。鍵山さんの運の良さは、こうした徳の高い行いから始まる善の循環によると、私は思っています。

目先の利益ばかりを追うと運が落ちるのも、広く全体のことを考えて行動すると運が良くなるのも、善の循環を思えば、どなたも納得していただけるのではないでしょうか。

どうか、利益に目がくらみ運を悪くしないよう、お気をつけいただきたいものです。

第六章の要点

- ●運を良くするには、善いことを積み上げると良い。
- ●善いことを積み上げるのは難しい。
- ●天の蔵の貯金が多いほど天は喜び、その人間の味方となってくれる。
- ●運が良い人は、「人の役に立つ」「神さまに好かれる」ことをしている。
- ●ゴミはいつも同じ場所に捨てられるもの。
- ●下坐行により、人格が磨かれていく。
- ●無料で開放することで、社会の役に立つ。

●報酬よりも、少しでも役に立ちたい。
●自分に縁のある人を喜ばせる。
●誰かを喜ばせれば、回り回って、世の中に大きく役に立つ。
●善の循環により、自分の運が開けることは、よくある。
●利益を追うと運が落ちるのも、全体のことを考えると運が良くなるのも、善の循環。

おわりに

最後までお読みくださいましてありがとうございます。

一冊目の著書『ベテラン弁護士の「争わない生き方」が道を拓く』の出版後、読者の皆様から、書き足らなかった点を本にしてほしいとの要望がありました。本書で、その声にできるかぎりお応えしたつもりです。

教育哲学者の森信三先生は、「人間は一生のうちに逢うべき人に必ず逢える。しかも一瞬早すぎず、一瞬遅すぎないときに」とおっしゃっています。

私は現在七四歳、弁護士開業五〇年近くになりますが、これまでいろいろ困難な出来事に遭遇しても、知らず知らずのうちに援助者がどこからともなく現れ、私を救ってくださいました。

過去を振り返り、私が世界で最も運の良い人間だと思っています。そして、運が良いのはなぜかといつも考えてきました。

本書が、皆様の生き方の参考になればこれほどうれしいことはありません。そして幸せな人生を送っていただくことを念願しています。

多くの方々のおかげで出版できましたことを感謝します。

【著者紹介】
西中　務（にしなか　つとむ）
1942年大阪市淀川区生まれ。大阪府立北野高校、大阪大学法学部を卒業後、会社勤務を経て25歳で司法試験に合格。以来、半世紀近く弁護士として、民事、刑事のさまざまな事件を経験。依頼者はのべ1万人を超える。本書で紹介する出来事をきっかけに、弁護士でありながら「争わない生き方」の重要性を痛感。人との縁を大切に考え、毎年出す暑中見舞いと年賀状は2万枚にのぼる。現在はエートス法律事務所に所属。社会貢献活動として、法律事務所の1階をセミナールームとして無料で一般に貸しているほか、老人ホームでの傾聴ボランティアなども行っている。「いのちの電話」の相談員も10年間務めた。著書に『ベテラン弁護士の「争わない生き方」が道を拓く』（ぱる出版）がある。

1万人の人生を見たベテラン弁護士が教える「運の良くなる生き方」
2017年3月2日　第1刷発行
2017年3月24日　第2刷発行

著　者――西中　務
発行者――山縣裕一郎
発行所――東洋経済新報社
〒103-8345　東京都中央区日本橋本石町 1-2-1
電話＝東洋経済コールセンター　03(5605)7021
http://toyokeizai.net/

装丁・本文デザイン…………泉沢光雄
カバー表1写真……………Imagewerks Japan/Getty Images
カバーソデ著者写真…………ヒラオカスタジオ
DTP………………………タクトシステム
印刷・製本…………………廣済堂

ISBN 978-4-492-04608-1